名师名校名校长

凝聚名师共识
回应名师关怀
打造名师品牌
培育名师群体

高中生物学
新教材新课程研究

朱文艺 / 著

陕西师范大学 出版总社　西安

图书代号　JY24N2527

图书在版编目（CIP）数据

高中生物学新教材新课程研究 / 朱文艺著. -- 西安：

陕西师范大学出版总社有限公司，2024. 12. -- ISBN 978-

7-5695-5107-5

Ⅰ. G633.912

中国国家版本馆CIP数据核字第2024B94F69号

高中生物学新教材新课程研究
GAOZHONG SHENGWUXUE XINJIAOCAI XINKECHENG YANJIU

朱文艺　著

特约编辑	杨　静
责任编辑	张慧君　温彬丽　冯晨旭
责任校对	王　婉
封面设计	言之凿
出版发行	陕西师范大学出版总社
	（西安市长安南路199号　　邮编 710062）
网　　址	http://www.snupg.com
印　　刷	北京政采印刷服务有限公司
开　　本	710 mm×1000 mm　　1/16
印　　张	13.75
字　　数	200千
版　　次	2024年12月第1版
印　　次	2024年12月第1次印刷
书　　号	ISBN 978-7-5695-5107-5
定　　价	58.00元

读者使用时若发现印装质量问题，请与本社联系、调换。

电话：（029）85308697

目 录

第❶章　高中生物学教材研究

第❷章　高中生物学教学研究

第❸章　高中生物学教学设计

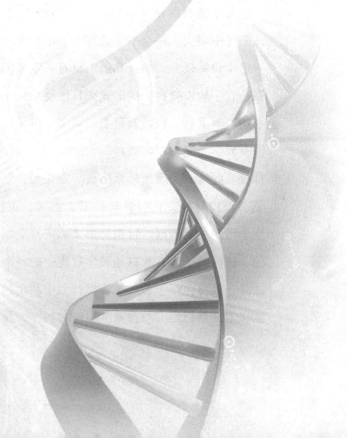

第 **❶** 章

高中生物学教材研究

第 1 节　高中生物学教材发展简述

任何课程改革成功与否最终将取决于教学。对教学起决定作用的因素之一就是教材，教材影响着教育质量，是教育水平的象征，决定着未来一代将具有的科学文化素养。

关于教材的定义，存在着很多种不同的诠释。比较权威的说法是《中国大百科全书·教育卷》中对教材的两种解释：一是根据一定学科的任务，编选和组织具有一定范围和深度的知识和技能体系，它一般以教科书的形式来具体反映；二是教师指导学生学习的一切教学资料，包括教科书、讲义、讲授提纲、参考书、辅导材料以及教学辅助材料。教科书、讲义、讲授提纲是教材整体中的主体部分。此外，《实用教育辞典》中认为，教材是指教师教学用的主要书籍和材料，它包括教科书、讲义、讲授提纲等。教材也是学生学习的主要依据。特别是讲义和讲授提纲不是教师可以随意编写的。钟启泉认为，教材是教学过程中的一个要素，最普遍的广义说法是，教材包括了教师的传授行为中利用的一切素材和手段。在此意义上，教材是"教授及学习的材料"，是师生之间的媒介。廖哲勋认为，教材是由一定育人目标、学习内容和学习活动方式分门别类组成的可供学生阅读、视听和借以操作的材料，既是教师进行教学的材料，又是学生认识世界的媒体。贺乐凡、杨文荣在《现代教育原理》一书中指出，教材是根据教学大纲编写的专供教学使用的材料，它是教师和学生进行教学活动的依据和主要媒体，包括文字材料和视听材料。本文中的教材选其狭义的定义，即教科书。

1 改革开放后的教材发展

1978年教育部颁布了中华人民共和国成立后第4个中学生物学教学大纲《全日制十年制学校中学生物教学大纲（试行草案）》，人民教育出版社（以下简称"人教社"）根据大纲编写了第1套生物学教材。中学生物学课程由此开始得以逐渐恢复，教材建设也得到加强。

自1981年生物学正式列入高考科目起，生物学的地位开始提高，但1995—1998年期间实行"3+2"高考科目方案，生物学在高考中被取消，中学生物学教学地位受到冲击，这在生物学教育界和生物学科技界引起了强烈反响。后经各方呼吁和努力，从1999年广东省试行"3+X"高考方案起，生物学学科再次成为高考考试科目，并逐渐从广东省扩大到全国范围。在生物学高考经历恢复、发展、调整、综合试验和相对稳定几个阶段期间，有越来越多的生物学教育专家和生物学教师参与到生物学课程的设置、生物学教材的建设和教学方法的改进中来，是对生物学教学的全面梳理和有益探索，为生物学课程的改革打下了良好的基础。

1988年，在原国家教委组织编订的《九年制义务教育生物学

教学大纲（初审稿）》中，确定了"在统一基本要求和统一审定的前提下实现教材多样化"的方针。随后几所高等师范院校和教研单位开始以该大纲为依据编写多个版本的教材。由此，我国中学生物学教材的编写工作开始打破新中国成立几十年来统一使用一套教材的局面。"一纲多本"政策的实施，增强了我国教材研发队伍的力量，提高了教材的质量和针对性。

进入21世纪后，新一轮的基础教育课程改革不断深入，生物学课程及教材的改革进一步深化，迎来了"百花齐放、百家争鸣"的新局面。

2 关于2004版教材

改革开放以后，我国基础教育取得了辉煌成就。基本普及九年义务教育和基本扫除青壮年文盲的目标初步实现，素质教育全面推进。但在2000年前后，我国基础教育总体水平还不高，发展不平衡，课程体系还存在一些弊端。例如，把知识技能的熟练化作为课程目标；部分内容繁、难、偏、旧，脱离学生的经验和生活；课程结构单一，学生的选择单一；课程实施过于倚重接受学习、死记硬背、机械训练等。基础教育面临严峻的挑战，改革与发展成为必然。

2001年5月发布的《国务院关于基础教育改革与发展的决定》（国发〔2001〕21号）中指出："加快构建符合素质教育要求的新的基础教育课程体系，适应社会发展和科技进步。根据不同年龄学生的认知规律，优化课程结构，调整课程门类，更新课程内容，引导学生积极主动学习。"为贯彻上述决定，教育部于2001年7月21日在《中国教育报》刊登了《基础教育课程改革纲要（试行）》，准备大力推进基础教育课程改革，提出了课程改革的总体框架、目标和任务，将调整和改革基础教育的课程体系、结构、内容，构建符合素质教育要求的新的基础教育课程体系。课程改革的具体目标是：

（1）改变课程过于注重知识传授的倾向，强调形成积极主动的学习态度，使获得基础知识与基本技能的过程同时成为学会学习和形成正确价值观的过程。

（2）改变课程结构过于强调学科本位、科目过多和缺乏整合的现状，整体设置九年一贯制的课程门类和课时比例，设置综合课程，以适应不同地区和学生发展的需求，体现课程结构的均衡性、综合性和选择性。

（3）改变课程内容"繁、难、偏、旧"和过于注重书本知识的现状，加强课程内容与学生生活以及现代社会科技发展的联系，关注学生的学习兴趣和经验，精选终身学习必备的基础知识和技能。

（4）改变课程实施过于强调接受学习、死记硬背、机械训练的现状，倡导学生主动参与、乐于探究、勤于动手，培养学生搜集和处理信息的能力、获取新知识的能力、分析和解决问题的能力，以及交流与合作的能力。

（5）改变课程评价过分强调甄别与选拔的功能，发挥评价促进学生发展，教师提高和改进教学实践的功能。

（6）改变课程管理过于集中的状况，实行国家、地方、学校三级课程管理，增强课程对地方、学校及学生的适应性。

普通高中课程改革是我国基础教育课程改革的重要组成部分。

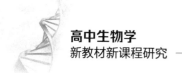
面向21世纪的生物学课程改革项目于1999年正式启动，2000年成立了生物学学科课程标准研制组，开始了生物学课程标准的研制工作。2001年秋，教育部正式启动普通高中新课程改革方案和课程标准的研制工作，组织各类专家学者、一线优秀教师和教研员进行广泛、深入地调查和研究，于2003年4月印发《普通高中课程方案（实验）》和15个学科课程标准（实验）。《普通高中生物课程标准（实验）》（以下简称《课标》）全面落实《基础教育课程改革纲要（试行）》中提出的课程改革目标，经过课程标准研制组专家们近三年的艰苦工作而宣告完成。这标志着我国中学生物学课程彻底告别了苏联的教育理论和课程模式，形成了适应我国现实情况和今后发展的生物学教育理念和课程体系。这是我国生物学教育工作者自主研发的、反映了生物学教育共同规律和我国实际情况的国家课程指导文件，为我国中学生物学教育锚定了新的发展方向。

《课标》把高中生物课程分为必修和选修两个部分。必修部分包括"生物1：分子与细胞""生物2：遗传与进化""生物3：稳态与环境"三个模块；选修部分有"选修1：生物技术实践""选修2：生物科学与社会"和"选修3：现代生物科技专题"三个模块。《课标》中提出了新的教育目标体系和教育哲学思想，并确定将提高每个学生的生物科学素养作为课程的核心任务。根据对生物科学素养培养的要求及相应的核心基础内容的理解，高中生物课程改革的具体追求就定位在课程知识体系的结构化，对科学、技术与社会的关系的理解，情感、态度和价值观培养，探究、操作、思维及自我发展等实践能力的发展共四个方面。

《基础教育课程改革纲要（试行）》对教材的开发提出了如下要求：教材改革应有利于引导学生利用已有的知识与经验，主动探索知识的发生与发展，同时也应有利于教师创造性地进行教学。教材内容的选择应符合课程标准的要求，体现学生身心发展特点，反映社会、政治、经济、科技的发展需求；教材内容的组织应多样、生动，有利于学生探究，并提出观察、实验、操作、调查、讨论的建议。《课标》也对教科书提出编写建议，其中对教科书应达到的基本标准是这样表述的：选取提高学生的生物科学素养所需要的知识内容，反映生物科学发展的特点和趋势；关注学生的生活经验，体现科学、技术和社会的相互影响。有丰富的思想内涵，有利于学生建立辩证唯物主义世界观，养成科学态度和科学精神，发展创新精神和实践能力。符合学生的年龄特征、兴趣特长和认知水平，能够激发学生的求知欲；利于学生自主学习，引导学生进行观察、实验、调查、资料的搜集和分析、合作交流以及体验、感悟和反思活动，引导学生主动建构知识，实现学习方式的多样化。文字表述准确、生动，图文并茂，印制精良。难易程度与我国的教育发展现状相适应，利于学生实际达成教学目标。

根据上述相关要求，全国各课程教材研究机构开始组织编写生物新课程实验教科书，经全国中小学教材审定委员会2004年初审通过的新课程教科书共有五个版本，它们分别由：朱正威、赵占良主编，人民教育出版社出版（以下简称"2004人教版"）；汪忠主编，江苏凤凰教育出版社出版（以下简称"2004苏教版"）；张时新主编，中国地图出版社出版（以下简称"中图版"）；刘植义主

编，河北少儿出版社出版（以下简称"河北少儿版"）；刘相钰、刘恩山主编，浙江科学技术出版社出版（以下简称"2004浙科版"）。

2004年秋，广东省、山东省、海南省和宁夏回族自治区率先进入全国首批高中新课程改革实验，与之配套的各版实验教科书也相继进入各实验区供学校使用，这标志着我国新一轮高中新课程改革已正式启动。紧接着，江苏省于2005年秋，浙江省、福建省、辽宁省、安徽省和天津市于2006年秋进入全国普通高中课程实验。2007年，全国普通高中起始年级全部进入新课程改革。

3 关于2019版教材

教育部2003年印发的《普通高中课程方案（实验）》和《课标》，指导了十余年来普通高中课程改革的实践，坚持了正确的改革方向和先进的教育理念，基本建立起适合我国国情、适应时代发展要求的普通高中课程体系，促进了教育观念的更新，推进了人才培养模式的变革，提升了教师队伍的整体水平，有效推动了考试评价制度的改革，为我国基础教育质量的提高做出了积极贡献。但是，面对经济、科技的迅猛发展和社会生活的深刻变化，面对新时代社会主要矛盾的转化，面对新时代对提高全体国民素质和人才培养质量的新要求，面对我国高中阶段教育基本普及的新形势，《普通高中课程方案》（实验）和15个学科课程标准（实验）还有一些不相适应和亟待改进之处，需要进行修订完善。

党的十八大明确提出，把立德树人作为教育的根本任务。党的十九大进一步强调，要全面贯彻党的教育方针，落实立德树人根本任务，发展素质教育，推进教育公平，培养德智体美全面发展的社会主义建设者和接班人。这些要求必须全面落实到课程方案和课程标准之中。

为落实党的十八大和十九大关于立德树人要求，进一步深化基础教育课程改革，教育部于2013年启动了普通高中课程方案和课程标准修订工作。教育部委托专业机构进行课程实施情况调研、国际比较研究等，特别是委托有关高校研制中国学生发展核心素养，将党的教育方针要求具体化、细化，为课程修订提供必要的理论基础和现实依据。修订工作历时4年，广泛深入调研，征求意见，2018年1月，教育部正式颁布了《普通高中课程方案》及普通高中各个学科的课程标准。经过为期两年的实施调研，科学论证，反复打磨，不断完善，2020年，教育部印发了《普通高中课程方案（2017年版2020年修订）》（以下简称《课程方案》）及各个学科课程标准的2017年版2020年修订版本。本次修订深入总结21世纪以来我国普通高中课程改革的宝贵经验，充分借鉴国际课程改革的优秀成果，努力将普通高中课程方案和课程标准修订成既符合我国实际情况，又具有国际视野的纲领性教学文件，建构具有中国特色的普通高中课程体系。

本次修订进一步明确了普通高中教育的定位，进一步优化了课程结构，将课程类别调整为必修课程（根据学生全面发展需要设置，全修全考）、选择性必修课程（根据学生个性发展和升学考试需要设置，选修选考）和选修课程（由学校根据实际情况统筹规划开设，学生自主选择修习，学而不考或学而备考，为学生就业和高校招生录取提供参考），凝练了各学科的核心素养，明确了学生学习该学科课程后应达成的正确价值观、必备品格和关键能力，对知

识与技能、过程与方法、情感态度价值观三维目标进行了整合。课程标准还围绕核心素养的落实，精选、重组课程内容，明确内容要求，指导教学设计，提出考试评价和教材编写建议。

《普通高中生物学课程标准（2017年版2020年修订）》（以下简称新课标）中提出：生物学学科核心素养包括生命观念、科学思维、科学探究和社会责任。并从以下三个方面对教材的编写提出建议：

（1）教材编写的基本原则：①教材编写是在课程标准基础上的一次再创造，必须充分体现课程标准的基本思想，准确把握课程标准的内容要求。教材应成为落实课程目标的基本教学资源。②在内容选择、编排形式、活动设计等方面，应突出学生生物学学科核心素养的培养，反映生物学发展的特点和趋势，关注学生的生活经验，体现科学、技术和社会的相互影响。③应体现科学性、思想性和艺术性的统一。教材内容应系统规范，严谨准确；有利于学生建立科学的自然观，养成科学态度和科学精神，发展创新精神和实践能力；文字表述准确、生动，可读性强；图文并茂，清晰美观，装帧精良。④应符合高中学生的心理特征和认知水平，能够激发学生的求知欲，体现学习方式的多样化，有利于学生自主学习和主动建构知识。能够与初中教材有效衔接，没有内容和思维上的明显脱节或不必要的重复。容量和难度合理，课时安排有一定的弹性，在达成教学目标的基础上，努力减轻学生课业负担。

（2）教材内容的选择：①以有利于学生生物学学科核心素养的发展作为选取内容的出发点；②应符合学生的知识基础、心理特点和认识规律；③要反映社会、经济和科技发展的需要，体现"科学、技术、社会"的思想；④适当引入生物科学史内容；⑤重视科学探究活动的设计；⑥应具有一定的弹性和灵活性。

（3）教材内容的组织和呈现方式：①教材内容的组织应当实现学科内在逻辑与学生认识逻辑的统一。②教材内容的组织应当实现课程知识目标达成与生物学学科核心素养发展的统一。③教材内容的呈现方式应当有利于学生通过活动建构新知识。教材的编写，应重视情境的创设。④教材内容的呈现可渗透人文精神。⑤教材应留给使用者一定的空间，体现开放性和可塑性。⑥教材的习题配置应当体现多样、灵活、开放、减负的特点。⑦教材的整体风格应该一致，体现每一版本各自的特色。

2016年初，教材修订工作就已开始启动。为贯彻落实党中央、国务院《关于加强和改进新形势下大中小学教材建设的意见》（中办发〔2016〕66号）精神，进一步做好教材管理有关工作，国务院在2017年7月正式成立国家教材委员会。在国家教材委员会统筹、审查、指导下，经过多个教材编写专家团队反复研讨打磨，上千名教育专家、一线教师参与审稿，上万名学生参与试教，多次送审和修改，历时3年多，各学科普通高中教材修订工作到2019年6月基本完成。

2019年起，六个版本的普通高中生物学新教材相继出版。它们分别为：朱正威、赵占良主编，人民教育出版社出版（以下简称"2019人教版"）；刘恩山主编，浙江科学技术出版社出版（以下简称"2019浙科版"）；付尊英、刘广发主编，北京师范大学出版社出版（以下简称"北师大版"）；张新时主编，上海科技教育出版社出版（以下简称"沪科教版"）；汪忠主编，江苏凤凰教育出版社出版（以下简称"2019苏教版"）；赵云龙、周忠良主编，上

海科学技术出版社出版（以下简称"沪科技版"）。

2019年秋，上海市、北京市、天津市、山东省、辽宁省和海南省率先进入全国首批新一轮高中课程改革实验，与之配套的各版教材也相继进入各实验区供学校使用。2020年秋季，浙江省、江苏省、河北省、湖南省、湖北省、广东省、福建省、山西省、安徽省、云南省、黑龙江省、吉林省和重庆市等13个省市的普通高中，从新入学的高一年级起全面实施《课程方案》和各学科课程标准，并使用各版新教材。2021年秋季，第三批使用新教材的有甘肃省、河南省、江西省、贵州省、广西壮族自治区、新疆维吾尔自治区和新疆生产建设兵团。2022年秋季，第四批使用新教材的有四川省、陕西省、青海省、内蒙古自治区、西藏自治区和宁夏回族自治区。至此，普通高中起始年级全部进入新课程改革。

六版新教材中使用较为广泛的是人民教育出版社出版的新教材，教育一线教师使用该教材进行教学，便于与之前使用2004版教材的教学进行衔接和延续，使教师更加深入地体会和实施新课程理念和落实生物学学科核心素养。

4 关于人教版高中生物学教材

改革开放以来，人民教育出版社先后主要出版了七套供全国使用的高中生物学教材。

第一套教材是1978年人民教育出版社根据教育部颁发的《全日制十年制学校生物教学大纲（试行草案）》编写出版的高中《生物》。这套教材选取了必要的基础知识，也适当反映了现代化生物学成就，但内容较深，以辩证唯物主义为核心，对学生进行了思想教育，其中涉及了分子生物学知识，但生态学知识不够，坚持理论联系实际，重视实验和演示，但学生实验时间不够等。

第二套教材是人民教育出版社根据1981年教育部召开的中学生物教材改革座谈会精神，于1982年秋出版的重新修订的高中《生物》（全一册），进一步加强了学生生物学基础知识的学习和基本技能的训练。

第三套教材是1985年人民教育出版社根据教育部颁发的《关于颁发高中生物两种要求的教学纲要的通知》和《高中生物教学纲要（草案）》编写出版的高中《生物》甲、乙两种课本，实行两种教学资源供不同程度的学生采用。与1982年出版的教材相比，其中的甲种本基本保持不变，乙种本则适当降低了要求。

第四套教材是1990年人民教育出版社根据原国家教委颁布的《现行普通高中教学计划的调整意见》和《全日制中学生物学教学大纲（修订本）》的规定和要求，在《生物》乙种本全一册基础上改编而来的高中《生物》必修（全一册）（1990年版）和高中《生物》选修（全一册）（1991年版）。这套教材选取的生物学基础知识更加系统全面，更加重视学生基本技能的训练和能力的培养，但由于跟不上时代的发展，显得知识陈旧老化；探索性实验数量严重不足，忽略了学习方法的培养；对过程性教学的重视程度不够，不符合学生的认识发展规律，不利于发散性思维的培养。

第五套教材是人民教育出版社根据1996年原国家教委颁布的《全日制普通高级中学课程计划（试验）》和《全日制普通高级中学生物教学大纲（供试验用）》中确定的指导思想、编写原则和教学内容，编写的与九年义务教育相衔接的高中《生物》（试验本）。这套教材

次年在山西省、江西省、天津市展开整体实验，并于2000年经修订出版后，推广到10个省市使用。该套教材把握了基础性并适当体现先进性，重视思想教育，加强学生的能力培养，加强理论联系实际，并渗透STS教育思想。但教材对学生科学方法和过程的教育，对学生创新和实践能力的培养，与学生现实生活的联系等仍显不足。

第六套教材即2004版新课程实验教材。教材内容选取了提高学生生物科学素养所需的以基本概念和基本原理为重点的知识内容，与我国当时的教育发展现状相适应，有利于学生实际达成教学目标；以科学方法训练作为教材的重要线索，以探究活动作为教材的重要组成部分，着重培养学生的科学探究能力。教材较为全面和系统地建构了学生的情感态度与价值观体系，但仍存在一些不足之处，如插图的准确性，部分内容的呈现顺序，习题内容的选择和难度的把握等仍需改进。

第七套教材即2019版教材。新的人教版教材以党的十八大、十九大精神为指导，落实立德树人的根本任务，以培养高中学生核心素养为宗旨，遵循学生身心发展规律，践行社会主义核心价值观。教材修订以新课标为根本依据，在广泛调研、总结经验、反思不足的基础上，吸收原实验教材的优点，在此基础上努力创新。2019版教材在知识内容选择与学生活动设计方面与2004人教版相比，主要变化有：①必修教材的总体框架结构不变，结合新课标要求，内容进行了微调；选择性必修三个模块和2004人教版相应内容相比有较大变化，即原《稳态与环境》被拆为两个模块——《稳态与调节》和《生物与环境》，按照新课标要求，学时翻倍，内容增加，因此这两本教材的内容都进行了充实；选择性必修3《生物技术与工程》的主体内容是整合了原选修3《现代生物科技专题》中除了生态工程之外的全部内容、原选修1《生物技术实践》有关微生物利用的内容、以及原选修2《生物科学与社会》发酵工程的部分内容。②整合、优化了学生活动，教材正文中的栏目基本分为两大类：一类是观察、实验、制作等需要动手操作的活动——"探究·实践"；一类是基于资料、不需要动手操作的活动——"思考·讨论"。③教材深度、难度基本维持原教材水平，必修内容略有精简，内容分布更加均衡合理；选择性必修1、2的内容有所扩展，但其深度、难度与2004版教材差别不大；选择性必修3阐述各工程时精简细节操作流程，突出生物技术和工程的原理和应用，以便学生更好地理解、感悟生物科学技术在社会生活中的作用。除此之外，2019版教材的组织方式和栏目都进行了相应的升级与优化。

5 结语

教材编写是在课程标准基础上的一次再创造。一套高质量的教材的编写需要精心地设计和多维度地体系构架，要契合课程标准的指向、编写意图和教学期待。

2019版教材的编写和修订均以新课标为根本依据，以培养高中学生生物学学科核心素养为宗旨，遵循学生身心发展规律，努力践行社会主义核心价值观。作为普通高中一线生物学教师，对新教材的比较和应用研究，有助于更加深入全面地领会新课标的基本理念，不断完善教学策略，帮助学生加深对生物学概念的理解，树立生命观念，培养科学创新思维和科学探究能力，增强社会责任感，将生物学学科核心素养的培养工作真正落到实处。

参考文献

[1] 陈继贞，张祥沛，曹道平. 生物学教学论［M］. 北京：科学出版社，2003.

[2] 中国大百科全书总编辑委员会《教育》编辑. 中国大百科全书［M］. 北京：大百科全书出版社，1985.

[3] 梁史义，车文博. 实用教育辞典［M］. 长春：吉林教育出版社，1989.

[4] 钟启泉. 现代课程论［M］. 上海：上海教育出版社，1989.

[5] 廖哲勋. 课程学［M］. 武汉：华中师范大学出版社，1991.

[6] 贺乐凡，杨文荣. 现代教育原理［M］. 北京：科学出版社，1997.

[7] 刘恩山，张海和. 建国以来我国中学生物学课程简要历史回顾［J］. 生物学通报，2007（10）：37-41.

[8] 钟启泉，崔允漷，吴刚平. 普通高中新课程方案导读［M］. 上海：华东师范大学出版社，2003.

[9] 中华人民共和国教育部. 基础教育课程改革纲要（试行）［N］. 中国教育报，2001-7-27（002）

[10] 刘恩山，汪忠. 普通高中生物课程标准（实验）解读［M］. 南京：江苏教育出版社，2004.

[11] 中华人民共和国教育部. 普通高中生物课程标准（实验）［S］. 北京：人民教育出版社，2003.

[12] 中华人民共和国教育部. 普通高中生物学课程标准（2017年版2020年修订）［S］. 北京：人民教育出版社，2020.

［13］刘丽群，吴雪燕.新中国生物教科书60年之演进［J］.湖南师范大学教育科学学报，2011，10（2）：19-22，47.

［14］谭永平.人教版《普通高中教科书生物学》修订情况简介［J］.生物学教学，2019，44（10）：10-14.

［15］刘恩山，朱立祥，李晓辉.基于学习科学理论落实核心素养目标——浙科版高中生物学教材的设计意图和教学取向［J］.生物学通报，2020，55（8）：13-18.

第 2 节　高中生物学2019人教版教材和2004人教版教材比较研究

　　2019人教版高中生物学新教材出版至今已使用几年有余，全国各地的一线教师在教学实践中已积累了比较丰富的教学经验，对教材的改版和编写也提出了很多建设性的宝贵意见，以新教材作为研究对象的教学成果也越来越多，但是鲜有对2019版和2004版教材所有模块进行全面、细致地对比研究。本文拟结合新旧课标的变化，对新旧两版教材所有模块的章节设置、重要概念、栏目设置，以及语言特点等方面进行比较研究，以期对生物学教学同行的教学实践和课程教材研究提供相关的数据资料，帮助教师更充分地使用和挖掘教材，更善于运用教材来培养和发展学生的生物学学科核心素养。

1 研究的材料与方法

1.1 研究材料

本文比较研究的材料是人民教育出版社（以下简称"人教

社"）出版的，由朱正威、赵占良主编的各模块两版高中生物学教科书，它们分别是2004年出版，2007年第2版的《普通高中课程标准实验教科书·生物》和2019年出版的《普通高中教科书·生物学》，见表1–2–1。

表1–2–1　人教社高中生物学教科书信息表

教科书	本册主编	版次	印次
必修1·分子与细胞	温青、谭永平	2019年6月第1版	2022年6月第4次印刷
必修2·遗传与进化	曹保义、吴成军	2019年6月第1版	2023年8月第6次印刷
选择性必修1·稳态与调节	曹保义、吴成军	2020年5月第1版	2022年8月第4次印刷
选择性必修2·生物与环境	温青、谭永平	2020年5月第1版	2022年8月第4次印刷
选择性必修3·生物技术与工程	孙万儒、包春莹	2020年5月第1版	2022年7月第3次印刷
必修1·分子与细胞		2007年2月第2版	2019年7月第43次印刷
必修2·遗传与进化		2007年1月第2版	2019年7月第43次印刷
必修3·稳态与环境		2007年1月第2版	2018年6月第41次印刷
选修1·生物技术实践		2007年1月第2版	2019年12月第27次印刷
选修2·生物科学与社会		2007年1月第2版	2018年7月第23次印刷
选修3·现代生物科技专题		2007年2月第2版	2019年12月第28次印刷

高中生物学
新教材新课程研究

1.2 研究方法

本文主要采用文献法、比较法、归纳法等方法进行研究。通过查阅文献资料，设计研究维度，对人教社新旧两版高中生物学教材的知识结构体系、章节设置、生物学概念及相关内容变更、栏目穿插设置、语言特点等方面进行深入地比较、分析和研究。

2 教材的比较分析

2.1 教材章节设置的比较分析

2004版教材是根据教育部2003年3月31日印发的《普通高中课程方案（实验）》和《普通高中生物课程标准（实验）》编写的。全套书共分为六个模块：必修部分包括"分子与细胞""遗传与进化"和"稳态与环境"三个模块，正文共390页，字数537 000，19章，60节，授课时数共108课时。选修部分有"生物技术实践""生物科学与社会"和"现代生物科技专题"三个模块，高考选考生物学的学生，在选修1和选修3中择其一进行学习和考试。

2019版教材是根据教育部2020年颁布的《普通高中课程方案（2017年版2020年修订）》和《普通高中生物学课程标准（2017年版2020年修订）》编写的。全套书共分为五个模块，必修部分包括"分子与细胞"和"遗传与进化"两个模块；选择性必修部分有"稳态与调节""生物与环境"和"生物技术与工程"三个模块。五个模块正文共595页，字数956 000，25章内容，共82节，授课时数共180课时，其中机动30课时。具体章节设置详见附件1。

根据编写体系的不同，教材可以分为不同的类型。在教育实践中常用的类型包括：

（1）学科结构式教材，以学科知识为中心内容，强调知识的系统性和逻辑体系的严密性。

（2）范例式教材，以基础的、本质的、有代表性的内容为范例而编写教材，目的是使学生面对问题情境而展开学习活动，着重培养学生的独立思考和判断能力，起到触类旁通、举一反三的作用。

（3）经验中心式教材，以人类的衣食住行等为选材内容，直接培养学生的社会生活能力。

（4）社会中心式教材，以社会需求和社会问题为核心内容，目的在于增进学生适应社会和解决问题的能力。

（5）人本中心式教材，以发展学生的天赋才能及适应学生个别差异为原则进行设计。

生物学属于自然科学，高中教材的编写一般采用学科结构式，强调学科体系的完整性、全面性和系统性。

现代系统理论思想源于20世纪30年代，创始人是美籍奥地利人路德维希·冯·贝塔朗非。他在《生命问题——现代生物学思想评价》一书中提出应把有机体当作一个整体或系统来考虑，目的是发现种种不同层次上的原理，包括整体原理（组织原理）、动态原理、自主原理。这些原理表明：生物有机体是一个独特的组织系统，其个别部分和个别事件受整体条件的制约，遵循系统规律；生命有机体结构产生于连续流动的过程，具有调整和适应能力；生命有机体是一个具有自主活动能力的系统。20世纪50年代美国心理学家米勒提出了生命系统理论，他认为一切活着的系统都是"生命系统"，并将其划分为8个层次：细胞、器官、生物体、群体、组织、社区、社会以及超国家系统。生命系统理论研究的最终目的是解析生命过程的复杂性，利用整体性、系统性研究手段来发现和揭示生命活动的本质规律。因此，生物学学科教材就可利用系统的概念、思想和方法来整合生物学知识，建构知识结构体系。

2004版教材在学科体系的基础上进行突破，根据学生的知识基础、心理特点和认知规律，精心筛选和编排内容，形成了优于1997版教材的更加合理的知识体系，较好地实现了学科体系、社会需求和学生发展的有效统一。2019版教材在必修课程的安排和选择性必修课程的设计上，保持了与课程标准实验稿的衔接，两版教材的章节设置所体现的知识结构体系建构基本一致。新版各模块教材在此基础上，根据新课标要求，围绕生物学科核心素养的落实，聚焦大概念和重要概念，并考虑到单元教学的整体性，对知识结构体系进行了调整和优化，部分内容的呈现顺序有所改变。

两版教材主要从生命系统的视角，建构知识结构体系，通过生命系统自身的物质基础和结构基础，自身的发生、发展和衰亡的规律，引导学生认识生命活动的规律和本质。由于教材不同模块涉及不同层次的生物学知识，核心主题不同，培养学生科学方法、科学观点等的侧重点不同，因此，在生命系统这个大框架下又分为几个子系统。

2.1.1 子系统1——《分子与细胞》章节设置比较分析

该模块围绕"细胞是基本的生命系统"来建构有内在逻辑的知识结构体系，侧重于使学生在细胞水平认识生命系统的物质基础和结构基础等。第1章"走近细胞"明确提出生命系统的九大层次；第2章"组成细胞的分子"介绍最基本的生命系统——细胞的六大主要组成成分；第3章"细胞的基本结构"介绍了由系统的边界——细胞膜、系统内的分工合作——细胞器和系统的控制中心——细胞核共同构成的系统结构；第4章"细胞的物质输入和输出"和第5章"细胞的能量供应和利用"从物质和能量两个方面介绍了系统的功能；最后第6章"细胞的生命历程"从细胞生长、增殖、分化、衰老和凋亡几方面展现了系统的发展和变化。

2019版教材章节框架的微调主要有：

（1）"细胞学说及其建立过程"从第1章第2节调整到了第1节开篇，从科学史入手，提高学生对细胞的研究兴趣。

（2）第2章把无机物、糖类和脂质调整到蛋白质和核酸之前，从小分子到大分子，从易到难的学习顺序更符合学生的认知规律。

（3）把原第4章第2节的"生物膜的流动镶嵌模型"调整到第3章第1节，实现细胞膜结构和功能的整合，更好地体现结构与功能观。

（4）把原第4章第1节和第3节中的被动运输内容合并为新版第1节内容，改节标题为"被动运输"，同时新版第2节改标题为"主动运输与胞吞、胞吐"，更加直观明了，加强了概念教学的明确性。

（5）把原第6章"细胞癌变"的内容移至必修模块2《遗传与进化》的第5章第1节基因突变中，更加体现单元教学的整体性。

（6）节标题还有一些微小变化，如"细胞凋亡"改为"细胞死亡"，能量"通货"改为能量"货币"等，增强了表述的准确性。

2.1.2 子系统2——《遗传和进化》章节设置比较分析

该模块按照人类认识基因的科学发展历史进程来建构知识结构体系，侧重于使学生在基因水平认识生命系统的发生和发展。第

1～5章阐述了遗传科学发展的历史进程：即从第1章孟德尔通过豌豆杂交实验发现遗传因子（基因）开始，到第2章摩尔根通过果蝇杂交实验证明基因在染色体上呈线性排列，到第3章，艾弗里等证明DNA是遗传物质、沃森和克里克构建DNA双螺旋结构模型，弄清基因的本质，到第4章克里克等建立中心法则，揭示基因通过转录和翻译来表达其功能，到最后第5章基因在传递过程会发生基因突变、染色体变异等变化。而第6章《生物的进化》阐述了进化研究理论的发展历程：从拉马克的用进废退学说，到达尔文的自然选择学说，再到现代生物进化理论。

2019版教材章节框架的调整主要有：

（1）原教材第6章删除，其中人类利用基因进行选择育种、杂交育种、诱变育种和基因工程等育种内容简化分散到相应各章节，显得更加精简紧凑。

（2）按照新课标中"3.1.5概述某些基因中碱基序列不变但表型改变的表观遗传现象"要求，在第4章第2节中新增了"表观遗传"内容，与时俱进，让学生接触遗传学新的研究进展和成果，利于培养学生科学思维和科学探究素养。

（3）将原第4章第3节"遗传密码的破译（选学）"内容，改为节后生物科学史话栏目内容"遗传密码的破译"，加强了科学史教育。

（4）为落实新课标要求，帮助学生形成"进化与适应观"的生命观念，第6章内容有较大变化，章节设置立意由介绍现代生物进化"理论"，改为介绍"生物的进化"。新课标"概念4生物的多样性和适应性是进化的结果"中表述："4.1.1尝试通过化石记录、比较解剖学和胚胎学等事实,说明当今生物具有共同的祖先;4.1.2尝试通过细胞生物学和分子生物学等知识,说明当今生物在新陈代谢、DNA的结构与功能等方面具有许多共同特征",据此,新教材增加了第1节"生物有共同祖先的证据",将原教材自然选择的内容提取出来单独作为第2节"自然选择与适应的形成"。

(5)提高标题表述精准度的其他变化:把"基因是有遗传效应的DNA片段"加上"通常"两个字,把"共同进化"改为"协同进化"等。

2.1.3 子系统3——《稳态与调节》章节设置比较分析

该模块在2004版教材中与环境合为一个模块,2019版教材被分离为两个选择性必修模块。本模块围绕"生命系统通过自我调节保持稳态"来建构知识结构体系,侧重于使学生在个体水平上认识生命系统稳态的维持和调节机制。

2019版教材第1章"人体的内环境和稳态"介绍了内环境的化学成分和理化性质,以及对内环境稳态调节机制、重要意义和概念发展的认识。第2~4章介绍神经调节、体液调节和免疫调节,根据新课标要求,在原教材第2章"动物和人体生命活动的调节"每一节的基础上扩容为一章,相应内容也有所增加,三章从三个方面阐述了神经调节网络、体液调节网络、免疫调节网络对动物体维持稳态的调节机制。章节设置具体的变化是:

(1)第2章"神经调节"中,原教材第1节"通过神经系统的调节"小标题1"神经调节的结构基础和反射"扩容为新版教材第2章第1节"神经调节的结构基础"和第2节"神经调节的基本方式",新课标中新增内容要求"1.3.5举例说明中枢神经系统通过自主神经

来调节内脏的活动”则体现在第1节中；原小标题2“兴奋在神经纤维上的传导”和小标题3“兴奋在神经元之间的传递”扩容为新版教材第3节“神经冲动的产生和传导”；原小标题4“神经系统的分级调节”和小标题5“人脑的高级功能”则扩容为新版教材的第4节和第5节，标题名称不变。

（2）第3章“体液调节”中，原教材第2节“通过激素的调节”小标题1“激素调节的发现”，扩容为新版教材第3章第1节“激素与内分泌系统”；原小标题2“激素调节的实例”和小标题3“激素调节的特点”扩容为新版教材第2节“激素调节的过程”；原教材第3节的大小标题内容在新版教材第3节中基本保持不变，仅进行了内容的扩充。

（3）第4章“免疫调节”中，原教材第4节“免疫调节”小标题1“免疫系统的组成”扩容为新版教材第4章第1节“免疫系统的组成和功能”；原小标题2“免疫系统的防卫功能”扩容为新版教材第2节“特异性免疫”和第3节“免疫失调”；原小标题3“免疫系统的监控和清除功能”删除；原小标题4“免疫学的应用”扩容为新版教材第4节，标题不变。

（4）第5章“植物生命活动的调节”的章标题把“激素调节”改为“生命活动的调节”，描述更加科学准确，整章以介绍生长素为主、其他激素及生长调节剂为辅，阐述了植物主要通过激素维持其稳态；原教材第1节“植物生长素的发现”和第2节“生长素的生理作用”内容整合为新版教材第1节“植物生长素”，体现了单元教学的整体性；原教材第3节“其他植物激素”拆分为新版教材第2节“其他植物激素”和第3节“植物生长调节剂的应用”；新课标中新增内容要求"1.6.4概述其他因素参与植物生命活动的调节，如光、重力和温度等"则体现在新增第4节"环境因素参与调节植物的生命活动"中。

2.1.4 子系统4——《生物与环境》章节设置比较分析

该模块以种群、群落、生态系统等群体水平生命系统的整体性、动态变化及调节为主线，研究生态系统的结构和功能，生物与环境的相互关系。基于生态学内容的内在逻辑关系，按照群体规模由小到大安排章节顺序，第1章"种群及其动态"、第2章"群落及其演替"和第3章"生态系统及其稳定性"通过介绍种群的数量特征、变化规律及影响因素，群落的结构、类型和演替，从生态系统的结构和功能（能量流动、物质循环、信息传递）等角度阐述了种群、群落和生态系统维持动态平衡的调节机制，充分体现了系统观、生态观、物质和能量观、稳态与平衡观等。第4章"人与环境"则重点阐述了人与环境的关系，渗透生态文明建设思想，实现可持续发展，达到人与环境的和谐统一。

2019版教材章节框架的调整主要有：

（1）将2004版教材第4章"种群和群落"拆分为新版教材第1章"种群及其动态"和第2章"群落及其演替"，两章各新增1节"影响种群数量变化的因素"和"群落的主要类型"。

（2）第3章"生态系统及其稳定性"章节设置和原教材保持一致。

（3）第4章变化较大，第1节"人类活动对生态环境的影响"将原教材第1节"人口增长对生态环境的影响"和第2节小标题"关注全球性生态环境问题"内容合并更新；第2节"生物多样性及其保护"内容在原教材第2节第2、3小标题内容基础上进行了扩容；第3节"生态工程"内容主要是在2004版选修3专题5"生态工程"基础上精简而来，更加贴近近几年我国生态文明建设的成效。

2.1.5 子系统5——《生物技术与工程》章节设置比较分析

该模块以生物工程的原理、应用及其社会影响为组织线索，前三章依次是三大生物工程——发酵工程、细胞工程和基因工程，遵循从个体水平到细胞水平再到分子水平思路，从宏观到微观，从具体到抽象，更加符合学生的认知规律。第4章主要探讨了生物技术的安全性与伦理问题，引导学生理性地表明观点和参与讨论，培养社会责任素养。

2019版教材的编写体例和内容呈现方式不再沿用2004版教材的专题形式，而是与前4本新教材基本保持一致，章节框架的调整主要有：

（1）第1章"发酵工程"中，第1节"传统发酵技术的应用"的内容在2004版选修1专题1的基础上进行改编整合，由一个专题浓缩为一节，删除了原课题2"腐乳的制作"活动，仅将其原理放到了正文中；第2节"微生物的培养技术及应用"重新梳理调整了原教材专题2的内容，删除了原课题3"分解纤维素的微生物的分离"，内在逻辑思路更加明晰；第3节"发酵工程及其应用"的内容在2004版选修2第3章第1节"微生物发酵及其应用"的基础上进行了改编扩容。

（2）第2章"细胞工程"中，第1节"植物细胞工程"整合了原选修3专题2.1"植物细胞工程"和原选修1专题3课题1"菊花的组织培养"的内容，删除了原课题2"月季的花药培养"。第2节"动物细胞工程"在原选修3专题2.2"动物细胞工程"的基础上进行了扩容，并调整了章节出现的顺序，还增加了干细胞培养等内容。第3节"胚胎工程"主要内容在原选修3专题3"胚胎工程"的基础上进行了精简，将3.1"体内受精和早期胚胎发育"中的"精子和卵子的发生"删除，其余内容放入2019版第3节第一部分"胚胎工程的理论基础"；将3.2"体外受精和早期胚胎培养"和3.3"胚胎工程的应用及前景"两节内容浓缩为新版第3节第二部分"胚胎工程技术及其应用"。

（3）第3章"基因工程"中，各节内容和顺序呈现与2004版选修3专题1"基因工程"基本一致，在部分标题表述上更准确，比如把"DNA重组技术"改为"重组DNA技术"，把蛋白质工程的"崛起"改为"原理和应用"；将原选修1实验"DNA的粗提取与鉴定"加入本章第1节。

（4）第4章"生物技术的安全性与伦理问题"的章节设置与2004版选修3专题4基本相同，第2节进行了较大的变更，将原版中对克隆人、设计试管婴儿和基因"身份证"的伦理问题讨论，变更为重点对生殖性克隆人的关注。

2.2 教材生物学概念及相关内容的比较分析

新课标的基本理念之一是聚焦大概念，课程的设计和实施追求"少而精"的原则，必修和选择性必修课程的模块内容聚焦大概念，精简容量、突出重点、切合年龄特点、明确学习要求，让学生能够深刻理解和应用重要的生物学概念，发展生物学学科核心素养。在教材内容的选取上，新课标提出除了考虑知识的系统性和完整性，还应以核心概念和原理为中心，重点选取对学生生物学学科

核心素养形成有利的、在学生的终身发展中具有长效性和迁移性的内容。为充分落实新课标理念和要求，2019版教材在内容的选择和取舍上可谓匠心独运，在继承2004版教材优点的基础上，充分考虑了教学实际情况，同时借鉴国际科学教育发展的新成果和我国20余年来高中生物学课程改革取得的经验和成就，使新版教材全面提升了育人价值。笔者就两版教材重要生物学概念及相关内容的新增和删减情况进行了详细比较，详见附件2。除了增减情况，在两版教材正文中出现的相同概念的表述中，也有很多细节上的变化，详见附件3。

根据两版教材生物学概念及相关内容增删情况的比较，以及正文相同概念及内容的细节变化比较，可以看出2019版教材中重要生物学概念的选择和呈现有以下特点。

2.2.1 落实课程标准内容要求，充分体现课程标准的基本思想和核心价值

生物学概念是建立生命观念、提升科学思维、落实核心素养的基础。新课标本着"少而精"的原则，在必修课程和选择性必修课程中确定了10个大概念，并基于10个大概念描述了具有学科逻辑、符合高中学生认知特点的31个重要概念和120个次要概念，从而形成了课程的内容框架。课程标准内容聚焦大概念，教材依据课程标准的要求，聚焦生物学概念的建构。新版教材内容覆盖课程标准列出的全部生物学大概念和重要概念，注重了概念的深度理解、自主建构和与时俱进，充分体现了新课标的基本思想和核心价值。2019版教材根据新课标要求，具体增加或更新的概念详见表1-2-2。

表1-2-2 2019版教材对照新课标增加或更新的概念

模块	新课标	2019版教材新增或更新的概念
必修1	1.2.1 概述细胞都由**质膜**包裹，质膜将细胞与其生活环境分开，能控制物质进出，并参与细胞间的信息交流	"细胞作为一个基本的生命系统，它的边界就是细胞膜，也叫质膜。"（P40）
	2.1.3 举例说明大分子物质可以通过**胞吞、胞吐**进出细胞	由2004版教材中的楷体字内容，扩充为第4章第2节"主动运输与胞吞、胞吐"（P69-72）
	2.3.3 描述在正常情况下，细胞衰老和**死亡**是一种自然的生理过程	由2004版教材中的"细胞凋亡"，更新为第6章第3节中的"细胞死亡包括凋亡和坏死等方式，其中凋亡是细胞死亡的一种主要方式"（P125-126）
必修2	3.1.1 概述多数生物的基因是DNA分子的功能片段，有些病毒的**基因在RNA分子上**	增加一段楷体字："有些病毒的遗传物质是RNA，如人类免疫缺陷病毒（艾滋病病毒）、流感病毒等。对这类病毒而言，基因就是有遗传效应的RNA片段。"（P59）
	3.1.4 概述DNA分子上的遗传信息通过RNA指导蛋白质的合成，**细胞分化的本质是基因选择性表达的结果**，生物的性状主要通过蛋白质表现	第4章第2节"基因表达与性状的关系"中，用一个黑体字标题的内容介绍基因的选择性表达与细胞分化（P72）
	3.1.5 概述某些基因中碱基序列不变但表型改变的表观遗传现象	第4章第2节"基因表达与性状的关系"中，用一个黑体字标题的内容介绍表观遗传（P73-74）
	3.2.3 阐明有性生殖中基因的分离和自由组合使得子代的基因型和**表型**有多种可能，并可由此预测子代的遗传性状	由2004版教材中的"表现型"，更新为第1章第2节中的"表型（也叫表现型），指生物个体表现出来的性状。"（P13）

续 表

模块	新课标	2019版教材新增或更新的概念
必修 2	3.3.3 描述细胞在某些化学物质、射线以及病毒的作用下，基因突变概率可能提高，而某些基因突变能导致细胞分裂失控，**甚至发生癌变**	将2004版教材必修1第6章第4节"细胞的癌变"的内容移入了本模块第5章第1节"基因突变和基因重组"中，用一个黑体字标题的内容介绍细胞的癌变（P82）
	4.1.1 尝试通过化石记录、**比较解剖学和胚胎学**等事实，说明当今生物具有共同的祖先	第6章增加"生物有共同祖先的证据"作为第1节，包括以下两方面（黑体字标题）内容：①地层中陈列的证据——化石；②当今生物体上进化的印迹——其他方面的证据（比较解剖学证据、胚胎学证据、细胞和分子水平的证据）（P100–103）
	4.1.2 尝试通过细胞生物学和分子生物学等知识，说明当今生物在新陈代谢、DNA的结构与功能等方面具有许多共同特征	
选择性必修 1	1.3.1 概述神经调节的基本方式是反射（可分为**条件反射和非条件反射**），其结构基础是反射弧	第2章第2节"神经调节的基本方式"中，用一个黑体字标题的内容介绍非条件反射和条件反射（P24–25）
	1.3.5 举例说明中枢神经系统通过自主神经来调节内脏的活动	第2章第1节"神经调节的结构基础"中，用一页半的篇幅来介绍自主神经系统（P18–19）
	1.4.3 举例说出神经调节与体液调节相互协调共同维持机体的稳态，如体温调节和**水盐平衡**的调节等	第3章第3节"体液调节与神经调节的关系"中，介绍了通过醛固酮进行水盐平衡的调节（P60–61）
	1.6.4 **概述其他因素参与植物生命活动的调节**，如光、重力和**温度**等	第5章增加了"环境因素参与调节植物的生命活动"作为第4节内容（P105–108）
选择性必修 2	2.1.1 列举种群具有种群密度、出生率和死亡率、迁入率和迁出率、**年龄结构**、性别比例等特征	由2004版教材中的"年龄组成"，更新为第1章第1节中的"年龄结构和性别比例"（P4）
	2.1.3 举例说明**阳光、温度和水**等非生物因素以及不同物种之间的相互作用都会影响生物的种群特征	第1章第3节"影响种群数量变化的因素"中，用一个黑体字标题的内容介绍非生物因素（P13–14）

续　表

模块	新课标	2019版教材新增或更新的概念
选择性必修2	2.1.6　分析不同群落中的生物具有与该群落环境相适应的**形态结构、生理特征和分布特点**	第2章增加了"群落的主要类型"作为第2节内容，其中通过介绍3种陆地生物群落的形态结构、生理特征和分布特点，来分析群落中生物的适应性（P33-37）
	2.2.5　解释**生态金字塔**表征了食物网各营养级之间在个体**数量、生物量**和能量方面的关系	第3章第2节"生态系统的能量流动"中，用一个黑体字标题的内容介绍生态金字塔，在2004版教材基础上增加了生物量金字塔和数量金字塔（P57-58）
	2.2.6　阐明某些有害物质会通过食物链不断地**富集**的现象	第3章第3节"生态系统的物质循环"中，用一个黑体字标题的内容介绍生物富集（P63-64）
	2.4.4　举例说明根据生态学原理、采用系统工程的方法和技术，达到资源多层次和循环利用的目的，使特定区域中的人和自然环境均受益	将2004版选修3教材专题5"生态工程"一章的内容精简为一节，移至本模块第4章第3节"生态工程"，内容进行了大幅度精简（P98-108）
选择性必修3	5.1.2　阐明DNA重组技术的实现需要利用**限制性内切核酸酶**、DNA连接酶和载体三种基本工具	由2004版教材中的"限制性核酸内切酶"，更新为第3章第1节中的"限制性内切核酸酶"（P71）

注：表1-2-2中的加粗内容为新课程标准与旧课程标准相比较，有变更的部分。

经对比分析，发现新版教材中仍有几处概念的表述与新课标存在差异：

（1）新课标必修课程模块1《分子与细胞》1.1.6"阐明蛋白质通

常由20种氨基酸分子组成"，2019版教材并没有完全拘泥于新课标范围，而是与时俱进，把最新的研究成果体现在教材里，将人体中组成蛋白质的氨基酸更新为21种，新增的一种氨基酸是硒代半胱氨酸（selenocysteine，Sec），这是蛋白质中硒的主要存在形式，硒对于人体健康有着非常重要的作用。该氨基酸对应的密码子是UGA。在正常情况下UGA是终止密码子，但在特殊情况下，UGA可以编码硒代半胱氨酸。这在2019版教材《遗传与进化》第4章有相关表述。

（2）新课标选择性必修课程模块1《稳态与调节》1.1.1 "说明血浆、组织液和淋巴等细胞外液共同构成高等动物细胞赖以生存的内环境"，2019版教材在此处并没有按照原版教材和新课标表述为"淋巴"，而是根据教师授课习惯改为了"淋巴液"，加上一个"液"字，更利于学生理解淋巴作为细胞外液组成部分的液体状态。

（3）新课标选择性必修课程模块1《稳态与调节》1.4.1 "说出人体内分泌系统主要由内分泌腺组成，包括垂体、甲状腺、胸腺、肾上腺、胰岛和性腺等多种腺体"。2019版教材在介绍人体主要内分泌腺及其分泌的主要激素时，没有出现胸腺及胸腺激素。究其原因，主要是因为胸腺激素是过去的叫法，现在叫胸腺肽（又名胸腺素），是胸腺组织分泌的具有生理活性的一组多肽，主要在免疫系统中发挥作用，如诱导T细胞分化成熟、增强细胞因子的生成和增强B细胞的抗体应答等。因此，2019版教材把胸腺放在第4章第1节 "免疫系统的组成和功能"中，而不是出现在内分泌腺的介绍里。

（4）新课标选择性必修课程模块1《稳态与调节》1.6.1 "概述科学家经过不断的探索，发现了植物生长素，并揭示了它在调节植物生长时表现出两重性，既能促进生长，也能抑制生长"。2019版教材中讨论了植物生长素的作用特点，并指出"一般情况下，生长素在浓度较低时促进生长，在浓度过高时则会抑制生长"。但2019版教材并没有像新课标和2004版教材一样，明确提出生长素的作用表现出两重性"既能促进生长，也能抑制生长；既能促进发芽，也能抑制发芽；既能防止落花落果，也能疏花疏果"。新版教材不提"两重性"的原因，人教社专家给出的解释是：两重性是指事物本身所固有的互相矛盾的两种属性，更强调事物同时具有两种互相对立的性质。而生长素作用的不同表现，是在较低浓度和过高浓度的两种条件下表现的；促进生长和抑制生长是植物对生长素的响应结果，并非生长素本身的性质；高浓度生长素产生的抑制作用，多数情况是生长素诱导产生的乙烯的效应，而非生长素本身的效应。

（5）新课标选择性必修课程模块1《稳态与调节》1.6.2"举例说明几种主要植物激素的作用，这些激素可通过协同、拮抗等方式共同实现对植物生命活动的调节"。2019版教材在讨论无论是动物激素还是植物激素相互作用时，激素间的协同关系，表述就是"协同"，但激素间的相反作用，则没有表述为"拮抗"，如在举例分析不同植物激素作用的相关性时，2019版教材的表述是"生长素主要促进细胞核的分裂，而细胞分裂素主要促进细胞质的分裂，二者协调促进细胞分裂的完成，表现出协同作用。又如，在调节种子萌发的过程中，赤霉素促进萌发，脱落酸抑制萌发，二者作用效果相反。"（P98）再如，2019版教材在举例说明各种动物激素彼此关联，相互影响时，表述是"胰高血糖素、甲状腺激素、肾上腺素等均可升高血糖，它们通过作用于不同环节，在提高血糖浓度上具有协同作用；而胰岛素则降低血糖，与上述激素的升糖效应相

抗衡。"（P55）这样的改变要从药理学和生理学两方面来分析。药理学中对"协同"和"拮抗"的解释是：药物间的协同作用可分为三类，即相加作用、增强作用和增敏作用。两种药相互作用出现"1+1>2"的效应属于增强作用；两种药合用时的作用等于单用时的作用之和属于相加作用；某药可使组织或受体对另一种药的敏感性增强属于增敏作用。而拮抗作用也分为三类，即相减作用、抵消作用和脱敏作用。相减作用指两药合用时的作用小于单用时的作用；抵消作用指两药合用时，单用的作用均消失；脱敏作用指某药可使组织或受体对另一药物的敏感性减弱。而生理学中这两个概念的诠释是："协同作用"是多种激素联合作用对某一生理功能所产生的总效应远大于各激素单独处理所产生的效应总和。胰高血糖素、甲状腺激素、肾上腺素都有升高血糖的作用，而它们联合起来作用效果远大于独自作用效果之和，即激素间并非效果相同就是协同作用，而是共同处理后比单独处理的效果之和更强才能称之为协同作用。"拮抗作用"指不同激素对某一生理功能产生相反的作用，如胰岛素的降糖效应和胰高血糖素的升糖效应，可称为拮抗作用。而2019版教材使用了"抗衡"二字，一是考虑了药理学对拮抗作用的类型划分，二是这样描述作用相反的两种激素，降低了学生对"拮抗"二字的理解难度，更加贴切易懂。

2.2.2 精心选择编排内容，突出学生生物学学科核心素养的培养

生物学课程是以提高学生生物学学科核心素养为宗旨的学科课程，是树立社会主义核心价值观、落实立德树人根本任务的重要载体。学科核心素养是学科育人价值的集中表现，是学生通过学科学习而逐步形成的正确价值观、必备品格和关键能力。生物学学科核心素养包括生命观念、科学思维、科学探究和社会责任。

2019版教材以大概念和重要概念为支点，聚焦生物学概念网络体系的建构，并在此基础上，总结和提炼生命观念。2019版教材提出的生命观念主要包括物质与能量观、结构与功能观、稳态与平衡观、进化与适应观、系统观、信息观、生态观等。教材在落实生命观念教育方面，不同模块各有侧重。《分子与细胞》以系统观为主线建构知识体系，同时，物质与能量观、结构与功能观体现在许多章节内容中；《遗传与进化》以人类对遗传信息的探索为主线建构知识体系，突出了生命的信息观——基因的本质是遗传信息；进化与适应观主要体现在必修2有关进化的内容中，在其他模块教材中也时有渗透；《稳态与调节》主要反映了稳态与平衡观，稳态的调节离不开信息，因此，信息观也蕴含其中；生态观是《生物与环境》的核心观念。《生物技术与工程》重点培养学生运用生命观念认识生物的多样性、统一性、独特性和复杂性，形成科学的自然观和世界观，并以此指导探究生命活动规律，解决实际问题。

科学概念的建构过程，也是科学思维的训练过程。2019版教材非常重视学生科学思维的培养，除了专门设置针对科学思维培养的"科学方法""思维训练""批判性思维"等栏目外，正文叙述、思考讨论、探究实践、课后阅读和习题检测中也渗透着科学思维培养的材料，它们帮助学生在生物学事实和证据的基础上，建构概念，并从中学会运用归纳与概括、演绎与推理、模型与建模、批判性思维、创造性思维等科学思维方法。例如，在很多章节的正文叙述中，都使用了楷体字的递进式问题来驱动学习进程，引发学生思考，训练科学思维。必修1第5章第1节在分析"酶的特性"时，教材设问"酶的催化

作用与无机催化剂有什么不同呢？""酶能像无机催化剂一样，催化多种化学反应吗？""酶起催化作用需要怎样的条件呢？"学生在思考问题串的过程中，一方面建构了酶的高效性和专一性等酶相关特性的概念，另一方面训练了归纳与概括、演绎与推理等科学思维。再如，必修2第4章第1节"基因指导蛋白质的合成"中，教材设置了一系列层层递进的问题串，利用问题驱动来引导学生建构概念和训练思维，"DNA携带的遗传信息是怎样传递到细胞质中的呢？"引发学生对DNA和蛋白质关系的思考；"RNA是什么物质？为什么RNA适于作DNA的信使呢？"引导学生对DNA和RNA的结构进行归纳比较，找出RNA适于作为DNA信使的原因；"DNA的遗传信息是怎样传给mRNA的？"启发学生建构转录的概念，并分析该过程的模型；"碱基与氨基酸之间的对应关系是怎样的？"引导学生进行演绎推理，推导出mRNA的密码子是3个碱基决定1个氨基酸的结论；"游离在细胞质中的氨基酸，是怎样被运送到合成蛋白质的'生产线'上的呢？"启发学生梳理翻译流程，建构翻译过程的模型。

新课标中指出，"社会责任"是指基于生物学的认识，参与个人与社会事务的讨论，做出理性解释和判断，解决生产生活问题的担当和能力。学生应能够以造福人类的态度和价值观，积极运用生物学的知识和方法，关注社会议题，参与讨论并作出理性解释，辨别迷信和伪科学；结合本地资源开展科学实践，尝试解决现实生活问题；树立和践行"绿水青山就是金山银山"的理念，形成生态意识，参与环境保护实践；主动向他人宣传关爱生命的观念和知识，崇尚健康文明的生活方式，成为健康中国的促进者和实践者。2019版教材非常注重提升学生的社会担当意识和能力，除了专门设置

"与社会的联系""科学·技术·社会""与生物学有关的职业"
等栏目来培养学生社会责任外，还在教材的正文、活动、课后练习
等环节，努力引导学生关注社会上与生物学有关的议题，如生态环
保、健康生活等，关注生物科学技术在生产生活中的应用，引导学
生运用所学生物学知识和已经掌握的科学思维方法，将生命观念用
于指导实践。例如，在选择性必修1第2章第3节，让学生从神经递质
在神经调节中的作用机制的角度，分析滥用兴奋剂和吸食毒品的危
害，从而引导学生成为珍爱生命、远离毒品的践行者，并鼓励学生
要主动向他人宣传毒品的危害和如何辨别伪装的毒品，并了解国家
的禁毒法律，培养学生的社会责任担当。选择性必修2第3章"生态
系统及其稳定性"中，启发学生应用生态系统的能量流动和物质循
环规律、生态平衡规律等设计微型生态系统，并针对当地某生态系
统提出提高其稳定性、使人与自然均受益的改进建议。这引导了学
生将所学知识运用于社会生活中的有关议题、决策，有助于提升学
生的社会责任意识和社会担当能力。

2019版教材对学生科学探究素养的培养，主要呈现在"探
究·实践"活动中，本书将在后续的两版教材探究实验活动的比较
中详述。2019版教材除正文对科学思维和社会责任素养提升进行渗
透外，还借助众多栏目来发展学生的这两大素养，该内容也将在后
续的两版教材栏目比较中详述。

2.2.3 优化概念呈现顺序，更加符合学生的心理特点和认知规律

自然学科的概念建构过程，按照由易到难、由浅入深的顺序
呈现，更加符合认知规律和学习者的心理特点，也更能帮助学生完
成概念的建构。2019版教材就该问题在2004版基础上进行了优化。

例如，《分子与细胞》第2章"组成细胞的分子"，在2004版教材中，第2节和第3节先讲更加抽象难懂的蛋白质和核酸，加大了学生理解和建构细胞分子概念的难度。而2019版教材的五节内容按照知识从易到难的顺序调整优化为：第1节"细胞中的元素和化合物"，第2节"细胞中的无机物"，第3节"细胞中的糖类和脂质"，第4节"蛋白质是生命活动的主要承担者"，第5节"核酸是遗传信息的携带者"，这样的改变更有利于学生对概念的建构。再如，2004版教材《分子与细胞》第6章第4节是"细胞的癌变"，在这章呈现这个内容虽符合细胞生命历程的系统逻辑，但在揭示细胞癌变机理时不可避免要出现原癌基因和抑癌基因的概念，这对于还没有学习《遗传与进化》中基因概念的学生来说，要理解这两个概念是很困难的，因此，出于学生的心理特点和认知规律，该内容被移到《遗传与进化》第5章第1节"基因突变和基因重组"中，这就更加合情合理了。同样的情况还出现在2019版教材必修1第3章第2节"细胞器之间的分工合作"，在介绍分泌蛋白的合成和运输时，使用了同位素标记法，但2004版教材在此处并未对同位素标记法进行介绍，而是直到第5章光合作用讲卡尔文循环时才提及，这就增大了学生对使用同位素标记法分析细胞器协同工作的理解难度。2019版教材在这里做了调整，不仅在学生首次接触同位素标记法时就介绍了这一方法，而且在原教材基础上新增了放射性同位素和稳定不具放射性的同位素的类别介绍，从而改变了部分学生对同位素均有放射性的错误认知。必修1第2章蛋白质一节中，2019版教材先介绍蛋白质的功能，一方面激发学生的学习兴趣，另一方面遵循"功能→结构→功能"的认知逻辑链条，能更好地帮助学生在认识蛋白质功能多样性的基础上，探索其结构多样性的原因所在，进而加深对蛋白质的结构和功能相适应的理解，帮助学生建立结构与功能观这一生命观念，并认同因蛋白质在生命活动中承担着多种功能，是一种非常重要的生物大分子。同理，为了更好地体现结构与功能观，2019版教材将2004版教材第4章"生物膜的流动镶嵌模型"移到了"细胞膜的结构与功能"一节，将细胞膜的功能和结构整合在一起，更有助于学生理解并运用这一生命观念。除了章节标题等较大内容的顺序调整外，还有一些微小细节的优化调整。例如，在对细胞膜成分的探索过程进行分析时，为了便于学生更好地理解磷脂双分子层的结构模型，教材呈现了"磷脂分子的结构式→磷脂分子模型→磷脂分子示意图"的递进式图示；在必修1第5章"绿叶中色素的提取和分离"实验中，为了帮助学生理解提取色素时为什么需要研磨，增加一句话"由于色素存在于细胞内，需要先破碎细胞才能释放出色素"，等等。

2.2.4 增加概念衔接拓展，有助于学生自主建构概念并形成体系

在2004版教材中有一些重难点知识，一直是学生学习的瓶颈。为了帮助学生更深刻准确地理解这些重要概念，2019版教材增加了相关的初高中衔接内容、跨学科交叉内容和深化拓展内容（主要出现在正文楷体字部分）。例如，"神经调节"一直以来都是学生学习的一个重难点内容，在使用2004版教材讲授该节时，教师通常会增加一些概念辨析，如什么叫神经系统？其基本结构有哪些？什么叫神经中枢？什么叫神经？什么叫神经纤维？条件反射如何建立？……这些内容在初中教材中出现过，但是绝大多数学生都已记忆模糊，甚至已经遗忘，如果教师不帮助学生回顾和辨析这些概念，学生学习这一节是很困难的，如"神经纤维"这个概念学生都

不明白，怎能理解兴奋在神经纤维上的传导过程呢？而2019版教材《稳态与调节》第2章"神经调节"增加了"神经调节的结构基础"一整节的内容来帮助学生理解相关概念，打好基础。其中包括神经系统的基本结构（中枢神经系统和外周神经系统）以及各结构的基本功能，神经中枢的概念，自主神经系统的组成和功能，组成神经系统的细胞等，学生对这些概念的学习，就如获得了脚手架，有助于学生深刻理解兴奋在神经元内部传导和神经元之间传递的过程，以及神经系统的分级调节，帮助学生自主进行概念建构并形成自己的概念体系。再如：《分子与细胞》第2章第2节"细胞中的无机物"中，用楷体字增加了水作为良好溶剂的原因分析与说明，可以帮助学生更好地理解水对于细胞生活的重要性；第3节"细胞中的糖类和脂质"中，用楷体字增加了脂肪酸的结构和种类，这不仅可以帮助学生理解脂肪的结构，以及饱和脂肪酸和不饱和脂肪酸的区别，还有助于在后续讲解细胞膜的磷脂双分子层时，加强学生的概念认知。2019版教材还通过专门设置的"学科交叉"栏目，加强学科之间的衔接，引导学生关注与生物学概念有关的物理、化学、地理等相关学科的概念。例如，必修1第1章第1节介绍了原子论，第2章第2节介绍了比热容，第5节介绍了碳原子的共价键，第5章第4节介绍了光的特性，必修2第6章介绍沉积岩和沉积物，选择性必修1第1章介绍酸碱度……这些学科交叉的知识点，既有助于学生理解相关生物学知识，也有助于建立学科间的联系，建立对自然界的整体认识。除此之外，2019版教材还在"相关信息"栏目中，对一些重要概念进行拓展和延伸，帮助学生搭建理解难点知识的阶梯。例如，《分子与细胞》第2章第4节"蛋白质是生命活动的主要承担者"中，介绍蛋白质结构多样性的原因之一是肽链的盘曲、折叠方式多样，而结构的多样性决定了蛋白质功能的多样性，这一因果关系的建立需要实证，于是2019版教材在此处旁栏"相关信息"中提供了一条信息"人类的许多疾病与人体细胞内肽链的折叠错误有关，如囊性纤维化、阿尔茨海默病、帕金森病等"。学生阅读到此处，就很容易建立以上概念的关联了，这也为学习《遗传与进化》第4章第2节"基因表达与性状的关系"中的囊性纤维化，《稳态与调节》第2章第5节"人脑的高级功能"中的阿尔茨海默病奠定了基础。

2.2.5 更新生物科技概念，充分反映最新生物技术的特点和趋势

生物科学技术不仅影响人类的生活、社会文明和经济活动，还深刻影响着人们的思想观念和思维方式。高中生物学课程应该不断与时俱进，以适应新时代的需要。2004版教材根据当时的生物科学研究发展成果，在2000版教材的基础上增加了细胞骨架、干细胞、细胞凋亡、原癌基因和抑癌基因、人类基因组计划、基因工程及其应用、体细胞克隆技术、免疫调节、生态系统的信息传递等概念，反映了那个时代的发展需要和生物科学研究进展。生物科技更新迭代，涌现出越来越多的生物科研成果，正在改变着人类的生活和观念，这促使学生需要运用新的生物学知识和观点来参加社会生活、经济活动、生产实践和个人决策。基于此，2019版教材进一步推陈出新。根据新课标要求，2019版教材在必修2第4章第2节增加了一个全新的概念"表观遗传"。表观遗传现象普遍存在于生物体的生长、发育和衰老的整个生命活动过程中，是非常重要的生命现象。表观遗传学是目前遗传学的研究热点。不同于经典遗传学主要研究基于基因序列改变所导致的基因表达的变化，表观遗传学是研究基

于非基因序列改变所导致的基因表达的变化，是对遗传学的补充和完善，学生理应对这部分知识有所了解。再如，2019版教材选择性必修1第2章第5节增加了一个大脑的高级功能"情绪"，从神经调节的角度，就抑郁情绪的产生、抑郁症的治疗和如何保持情绪平稳等进行了简要介绍，这对面对学习压力不善于调节自身情绪的学生是很有帮助的。选择性必修1第5章增加了全新的第4节"环境因素参与调节植物的生命活动"，其中阐明了光通过光敏色素调控植物生长发育的反应机制，以及重力如何通过平衡石细胞中的"淀粉体"来调节植物的生长方向，从而使学生能更加全面、准确地理解植物生长发育的调控是基因表达调控、激素调节和环境因素调节共同完成的。

除了新增生物科技进展概念外，2019版教材还与时俱进更新了一些科技概念。例如，必修1第4章第1节"被动运输"中，旧版教材在正文后的"科学前沿"栏目中介绍了2003年获诺贝尔化学奖的通道蛋白研究；而2019版教材中水通道蛋白的相关表述已出现在了正文里，即水分子通过细胞膜的方式除自由扩散外，更多的是借助细胞膜上的水通道蛋白以协助扩散的方式进出细胞。教材还指出转运蛋白分为载体蛋白和通道蛋白两种类型，并就二者的作用机理和区别进行了介绍。再如，必修2第5章第3节"人类遗传病"一节中，2004版教材简单地提及了可通过基因诊断来监测和预防遗传病，而在2019版教材中，基因检测的概念和过程已出现在了正文中，教材还用楷体字介绍了基因治疗，但在本节删除了人类基因组计划的相关内容。人类基因组计划的研究工作介绍移至选择性必修3的篇首——杨焕明院士的科学家访谈栏目中。与生物技术发展相关的内容变动最大的应该是选择性必修1第4章"免疫调节"中的体液免疫和细胞免疫过程，根据最新免疫相关研究成果，2019版教材在第1节先介绍了几种免疫细胞，即抗原呈递细胞、树突状细胞、巨噬细胞、辅助性T细胞、细胞毒性T细胞，就它们在免疫过程中的具体作用进行了比较辨析，这为第2节更新体液免疫和细胞免疫过程做好铺垫。本节还更改了一些概念的表述，如旧版教材中的"淋巴因子"改为"细胞因子"，并列举了白细胞介素、干扰素、肿瘤坏死因子。免疫系统的功能表述也全部进行了更新，由2004版教材的"（免疫）防卫、（免疫）清除、（免疫）监控"更新为"免疫防御、免疫自稳、免疫监视"。2019版教材对第2节体液免疫和细胞免疫过程进行了大幅度的更新。2004版教材中体液免疫的大致过程是：大多数病原体经吞噬细胞等的摄取和处理，暴露出该病原体特有的抗原，将抗原传递给T细胞，刺激T细胞产生淋巴因子。少数抗原直接刺激B细胞，B细胞受刺激后，在淋巴因子的作用下，开始一系列的增殖、分化，大部分分化为浆细胞，产生抗体，小部分形成记忆细胞。2019版教材中的体液免疫基本过程更新为：B细胞活化需要两个信号的刺激和细胞因子的作用。激活B细胞的第一个信号是一些病原体与B细胞接触；另一些病原体被抗原呈递细胞（树突状细胞、B细胞等）摄取处理后，将其抗原呈递在细胞表面，然后传递给辅助性T细胞，使辅助性T细胞表面的特定分子发生变化，进而与B细胞结合，这成为激活B细胞的第二个信号；与此同时被激活的辅助性T细胞开始分裂、分化，并分泌细胞因子；B细胞受到两个信号的刺激，并在细胞因子的作用下开始分裂、分化，大部分分化为能产生特异性抗体的浆细胞，少部分分化为对同一病原体保留记忆的记忆B细胞。同样地，细胞免疫过程也进行了大幅度更新。2004版教材

中的细胞免疫过程描述得很简单，成为学生理解的一个难点：T细胞接受抗原刺激后分化成效应T细胞，效应T细胞可与被抗原入侵的宿主细胞密切接触，使其裂解死亡。2019版教材中的细胞免疫基本过程更新为：被病原体（如病毒）感染的宿主细胞（靶细胞）膜表面的某些分子发生变化，细胞毒性T细胞识别其变化，并在辅助性T细胞分泌的细胞因子的作用下被激活，开始分裂、分化，形成新的细胞毒性T细胞和记忆T细胞；新形成的细胞毒性T细胞在体液中循环，可识别并接触、裂解被相同病原体感染的靶细胞。2019版教材第4章第3节"免疫失调"和第4节"免疫学的应用"中也有很多更新，如用文字加示意图的形式介绍了过敏反应发生的机理，即过敏原刺激B细胞活化为浆细胞产生抗体，抗体吸附在血液中的肥大细胞等细胞表面，相同过敏原再次进入机体时，肥大细胞释放组胺等物质，引起毛细血管扩张、血管壁通透性增强、平滑肌收缩和腺体分泌增多，最终导致过敏者出现过敏反应。再如，增加或更新了风湿性心脏病病因（该内容曾出现在2000版的选修教材中）、免疫缺陷病的概念、疫苗的概念、器官移植的概念，以及组织相容性抗原等的介绍，HIV主要侵染的细胞更新为辅助性T细胞。新版教材中更多的生物科学新进展的介绍，呈现在2019版教材"生物科技进展""拓展视野"等栏目中。

2.2.6 关注学生生活经验，充分体现科学、技术、社会的相互影响

新课标中多处强调，学生通过生物学课程的学习，了解科学、技术、社会的相互关系，关注和参加与生物科学技术有关的个人与社会问题的讨论和决策，并结合本人生活中的经验体会，学习从实践的层面探讨或尝试解决现实生活问题，这是生物学学科核心素养达成和培养对自然及社会责任感的重要途径。2019版教材秉承这一理念，在内容上尽可能地从学生的生活经验出发，引导学生运用所学的生物学原理和方法，去解释身边的生物现象，解决生活中的生物问题，充分体现了生物科技的发展与社会发展和个人生活的互动关系。例如，在日常饮食中常听说含不饱和脂肪酸丰富的食用油，如橄榄油、亚麻籽油、茶树油等，能降低血液中的胆固醇和甘油三酯，降低血液黏稠度，改善血液微循环，预防心脑血管疾病的发生，还能增强脑细胞的活性，增强记忆力和思维能力。那什么叫"不饱和脂肪酸"呢？2019版教材在必修1第2章第3节"细胞中的糖类和脂质"中增加了不饱和脂肪酸和饱和脂肪酸的概念、特点和区别等内容，帮助学生将日常生活和生物学知识建立联系。再如，必修2在讲解减数分裂和表观遗传时都提及了不良环境和不良的生活方式（如吸烟）会影响生殖细胞的形成；通过分析"结肠癌发生的原因"来阐释细胞癌变的根本原因是原癌基因和抑癌基因的突变导致，并引导学生思考如何远离致癌因子，预防癌症的发生；选择性必修1第2章第3节"神经冲动的产生和传导"中，引导学生运用神经调节的相关知识，分析可卡因使人上瘾的原因，从而帮助学生深刻认识滥用兴奋剂、吸食毒品的危害。此外，2019版教材还增加了"自主神经系统、交感神经、副交感神经""抗生素对细菌的选择作用""植物生长调节剂的应用"等与日常生活、科技和社会息息相关的生物学知识。这些内容使教材的核心概念与学生的现实生活联系得更加紧密，一方面有利于加强学生对核心概念的理解和巩固，懂得将知识运用到生活中去；另一方面引导学生积极思考与生物学有关的社会问题，宣传生物学知识和健康的生活方式，识别生

活中的伪科学，有利于培养学生的社会责任感，提高学生的学习兴趣和学习的主动性。2019版教材这方面的特点除了在正文内容中有所体现外，在教材旁栏中的"与社会的联系"和正文后的"科学·技术·社会""与生物学有关的职业"等栏目中也有体现。

2.2.7 加强科学史实内容的学习，发展学生的科学思维素养和创新精神

生物科学史内容不仅蕴含着科学知识的形成过程，还蕴含着科学家创造性的思维方式和灵活多样的科学方法。学生通过学习，不仅能从中学习科学家的科学精神、意志品质和对科学的执着与热爱，·更为重要的是学习他们的科学思维和科学方法。民族要发展，离不开创新。对人的创造力而言，教会学生获取知识的方法比知识本身更重要。科学家们在追求真理的道路上何尝不是勇于摒弃前人的错误观点，通过科学的方法、可靠的数据、严谨的推理和大胆的想象，创造性地提出自己的观点，从而发现真理。在新课标中也特别强调，学习生物科学史对提高学生的生物学学科核心素养是很有意义的。教材应适当引入生物科学史内容，有利于学生建立科学的自然观，养成科学态度和科学精神，发展创新精神和实践能力。

2019版教材在2004版基础上，围绕核心概念的建构，对生物科学史内容进行了更新，呈现顺序进行了调整，优化了部分科学史阐述的科学逻辑。例如，必修1第3章第1节对生物膜的探索就细化为"对细胞膜成分的探索"和"对细胞膜结构的探索"，并在此处新增了1935年丹尼利（J. F. Danielli）和戴维森（H. Davson）对细胞膜张力的研究，同时将欧文顿研究的时间准确地标明为1895年，将推断细胞膜中的磷脂分子必然排列为连续两层的两位荷兰科学家的

姓名也标明了，即戈特（E. Gorter）和格伦德尔（F. Grendel）。必修1第5章第1节"关于酶本质的探索"科学史中，新增我国4 000多年前就掌握了酿酒技术，以及1835年施旺（T. Schwann）发现了胃蛋白酶。第4节探究叶绿体功能的实验探究中，新增了恩格尔曼（T. Engelmann，1843—1909）的第二个实验"用透过三棱镜的光照射水绵临时装片，发现大量的需氧细菌聚集在红光和蓝紫光区域"，该实验起到了很好的承上启下的作用，更有利于学生理解叶绿素主要吸收红光和蓝紫光。本节探索光合作用原理的生物科学史介绍变动较大，2019版教材删除了普利斯特利、英格豪斯、梅耶、萨克斯等科学家的实验，新增了几个在光合作用探究历程中的关键性实验：1928年科学家发现甲醛不能转化为糖，1937年希尔（R. Hill）反应说明水的光解产生氧气，1954-1957年阿尔农实验（D. Arnon）发现，叶绿体在光照下可合成ATP，这一过程总是与水的光解相伴。这样的变化，使光合作用探究的逻辑链条更加集中清晰，更有利于学生了解光反应阶段研究过程中层层递进的科学史实和科学家的科学思维和方法。必修1第6章第2节"细胞的分化"中介绍细胞全能性研究时，除了保留斯图尔德（F. C. Steward）植物细胞全能性研究的经典实验外，还增加了科学家用非洲爪蟾的蝌蚪做的动物体细胞核移植实验，这样能使学生从植物和动物两个方面去了解细胞全能性的全貌。本节还增加了我国科学家2017年通过体细胞核移植技术获得世界首批体细胞克隆猴的科学事实，表明我国的细胞学研究已经达到了世界领先水平。必修2第3章第1节"DNA是主要的遗传物质"中对艾弗里（O. Avery，1877—1955）及同事证明DNA是遗传物质的实验探究步骤进行了更新，在2004版教材中的表述是：他们将提纯的

DNA、蛋白质和多糖等物质分别加入培养了R型细菌的培养基中，只有加入DNA，R型细菌才能转化为S型细菌；如果用DNA酶分解从S型活细菌中提取的DNA，就不能使R型细菌发生转化。2019版教材中介绍，他们将制备的细胞提取物加入有R型活细菌的培养基中，结果出现了S型活细菌；再用蛋白酶、酯酶、RNA酶、DNA酶分别处理细胞提取物，发现仅DNA酶处理过的细胞提取物失去了转化活性，其余组别仍有转化活性。显然，更新过的科学史是符合当时艾弗里及同事的真实研究历程的。在新版必修2教材中对通过巧妙设计的实验来证明DNA是半保留复制的科学家也标出了姓名，他们是美国生物学家梅塞尔森（M.Meselson，1930— ）和斯塔尔（F.Stahl，1929— ）。

生物科学史的内容除了更新优化外，2019版教材还新增了一些内容。例如，在选择性必修1第3章第1节"激素与内分泌系统"聚焦激素研究方法时，以胰岛素的发现史为例，介绍了1869—1921年间不同科学家的研究方法，特别是加拿大科学家班廷（F. Banting，1891—1941）和他的助手贝斯特（C. H. Best，1899—1978）用巧妙的方法最终提取到了狗胰腺中的胰岛素，并治愈了患糖尿病的狗。除了正文外，在2019版教材"科学家访谈""生物科学史话""科学家的故事"等栏目中也呈现了丰富的生物科学史内容。学习这些与核心概念息息相关的生物史实，不仅可以帮助学生加强对生物学概念的深刻理解，还可以引导学生重温科学研究历程，理解科学本质，学习科学精神，运用科学研究的思路和方法，认识客观事物，解决实际问题，最终帮助学生提升科学思维能力，形成科学思维习惯。

2.2.8 有机融入核心价值，加强国家认同、制度自信和文化自信

社会主义核心价值观从国家建设目标层面、社会层面和公民个

人行为层面高度凝练和集中表现了社会主义核心价值体系。2019版教材在这三个层面都着力落实，充分体现了国家意志和教材的德育功能。与2004版教材相比，2019版教材中反映我国科学家和我国科技成就的内容明显增多。例如，在每个模块开篇的"科学家访谈"中，介绍了本模块研究领域的杰出科学家：世界著名的结构生物学家施一公、杰出的杂交水稻育种学家袁隆平、植物生理学家许智宏、生态学家方精云、遗传学家杨焕明。学生通过了解科学家们热爱祖国、献身科学的感人事迹，用榜样的力量来激发自己的爱国鸿志。再如，2019版教材多处介绍我国科学家于2017年取得的重点科技成就，世界上首批体细胞克隆猴"中中"和"华华"；必修1教材中介绍了1965年我国科学家在世界上第一次用人工方法合成具有生物活性的蛋白质——结晶牛胰岛素；选择性必修3教材中介绍了中国科学家首次成功分离耐高温DNA聚合酶，将PCR变成真正成熟的技术；选择性必修2教材中介绍了我国科学家屠呦呦从黄花蒿中成功提取出治疗疟疾的青蒿素，等等。2019版教材在介绍我国科学家和科技成就的同时，还渗透了很多中华优秀传统文化的内容。例如，选择性必修2教材中介绍了我国古代先民依靠"无废弃农业"，保证土壤几千年来一直维持着生产能力，为中华文明数千年不断延续创造了条件；选择性必修3教材中介绍了我们的祖先在9 000年前就会利用微生物将谷物、水果等发酵成含酒精的饮料，4 000多年前就掌握了酿酒技术。无论是我国科学家的杰出成就，还是从古至今中国人民的智慧，这些内容加强了爱国主义教育，其中既有榜样的感召，以引起爱国情感的共鸣，又有事实的述说，以引导理性的国家认同，帮助学生建立文化自信和制度自信。

2.2.9 重视教学情境创设，激发学生求知欲和提高解决问题的能力

有效的教学情境能够激发学生的好奇心和求知欲，点燃学生的学习热情，使学生形成良好的求知心理，从而使学生主动参与对所学知识的探索发现和认识过程，体验学习的乐趣。这样的学习方式不仅能够帮助学生有效掌握知识，灵活解决问题，也能够培养学生不断探索、勇于创新的科学精神和实事求是的科学态度，以及终身学习的能力。2019版教材在2004版教材的基础上，按照"情境—问题—探究—应用"的流程，进一步对教学情境的创设进行优化。情境在教材中分布广泛，贯穿始终，从各章首页、各节起始栏目"问题探讨"、正文表述、旁栏内容到节末和章末的习题，都存在情境的创设。2019版教材的情境设计主要包含三种类型，即生活、学习和实践情境，科学实验和探究情境，生命科学史情境。教材利用学生在日常生活或社会实践中常见的与生物学相关的现象或问题，引出教材内容，启迪学生思考。例如，选择性必修1第2章第4节"神经系统的分级调节"开篇，"问题探讨"和正文通过情境"非条件反射——眨眼反射和条件反射——战士可以练成长时间不眨眼"的创设，引发学生思考参与这两种反射的神经系统如何分工、合作，协调工作。科学实验和探究情境主要源于真实的生物学研究的内容和过程，以及由这些内容和过程进行知识迁移提出的问题或设定的情境。例如，必修2第3章第3节"DNA的复制"一节，就将美国生物学家梅塞尔森和斯塔尔以大肠杆菌为实验材料，运用同位素标记技术，设计的巧妙实验作为探究情境，以此为载体，引导学生运用演绎推理等科学方法分析科学家们每一步实验设计的目的和预期，实验步骤的推进和巧思，最终水到渠成地理解了DNA半保留复制的过

程。2019版教材中以生命科学史中的重要事件作为情境，来建构概念、培养能力、提升素养的实例更是不胜枚举。这些贴近时代、贴近社会、贴近生活的生物学问题情境，帮助学生养成从实际出发，运用生物学的知识和生物学核心素养来解决实际问题的习惯，并帮助学生提升解决实际问题的能力。

2.2.10 恰当增删教材内容，充分把握基础性、长效性和可迁移性

新课标中强调教材内容的选择要注重选取对学生生物学学科核心素养形成有利，以及在学生的终身发展中具有长效性和迁移性的内容。学生在高中阶段所学习的生物学知识对学生的终身发展起到奠基的作用。知识性内容与基本概念、基本原理的相关性越高，实现迁移的可能性就越大，其时效性就越长久，对学生终身学习和发展的价值就越大。2019版教材正文内容所涉及的生物学概念均以新课标的内容要求为依据，以"高中阶段""基础教育"为前提，在落实生物学重要概念时，恰当增删教材内容，充分把握了基础性、长效性和迁移性，教材的深度和难度基本维持了2004版教材的水平。例如，考虑到课时有限，2019版必修2教材将原版教材第5章第3节"人类基因组计划与人类健康"删除，相关内容融入选择性必修3开篇对杨焕明院士的科学家访谈中；将第6章"从杂交育种到基因工程"删除，有关育种的内容简化后分散到各章节相应内容中。选择性必修2教材第4章生态工程的应用实例中，保留了原版教材的三个典型实例——农村综合发展型生态工程、湿地生态恢复工程和矿区废弃地生态恢复工程，删除了小流域综合治理生态工程、大区域生态系统恢复工程和城市环境生态工程，以及"生物圈2号"生态工程的实验及启示。除此之外，2019版教材在对具体概念阐述时，也保

持在高中学生可理解的程度上。比如，必修1教材中呼吸作用和光合作用的概念，既不同于初中阶段到现象描述即止，也不同于大学生物学课程中详细介绍电子传递链的方式，而是简明扼要地介绍基本原理。必修2中新增的"表观遗传"内容，教材也尽量简明扼要、通俗易懂地阐述，化繁为简，便于学生理解。

2.3 教材栏目穿插设置的比较分析

教材编写是在课程标准基础上的一次再创造。一套高质量的教材的编写需要精心的设计和多维度的体系构架，教材的栏目设计就是多维体系构架之一，设计的栏目要契合课程标准的指向、编写意图和教学期待。栏目在教材中通过固定而明显的图标、分界线和颜色与正文相分隔，主次分明。这不仅给教师提供了丰富的教学资源，也成为激发学生学习兴趣、开阔学生视野和学习空间、丰富学生知识容量的学习资源。本文通过对两版教材栏目设计的比较，能加深教师对2019版教材各栏目设计意图的领会，帮助教师在教学实施中更加精准地应用栏目，完善教学策略。

2.3.1 栏目数量和种类的比较

两版教材的栏目主要设置在教材的三个位置，即正文中穿插的栏目、旁栏中的栏目和正文后的栏目。2019版必修模块和选择性必修模块5本教材中一共设置栏目29类，共计786处，2019版教材各模块栏目的具体数量统计见附件4。2004版教材的栏目统计包括：必修模块3本教材，选修3，选修1的专题1、专题2的课时1和课时2、专题3的课时1、专题5的课时1和课时2，选修2第3章第1节。以上原版教材一共设置栏目55类，共计739处。两版教材具体栏目的数量和种类比较详见表1-2-3。

表1-2-3　两版教材栏目穿插的数量和种类比较

教材	正文穿插栏目		旁栏穿插栏目		正文后穿插栏目	
	类型	数量/个	类型	数量/个	类型	数量/个
2019版教材	问题探讨	69	本节聚焦	92	练习与应用	92
	从社会中来（选择性必修3）	13	相关信息	81	本章小结	25
	思考·讨论	109	？	71	复习与提高	25
	探究·实践	36	知识链接	23	课外实践	5
	与社会的联系	23	学科交叉	10	课外制作	1
	思维训练	17	想象空间	4	科学·技术·社会	17
	科学方法	13	批判性思维	5	与生物学有关的职业	12
	到社会中去（选择性必修3）	13	异想天开	2	生物科技进展	12
	资料卡（选择性必修3）	6	（选择性必修3）		生物科学史话	4
	辩论会（选择性必修3）	1			科学家的故事	2
					拓展视野（选择性必修3）	2
2004版必修教材	问题探讨	60	本节聚焦	65	练习	65
	思考与讨论	48	相关信息	35	本章小结	19
	资料分析	25	？	49	自我检测	19
	资料搜集和分析	4	知识链接	16	科学·技术·社会	11
	实验	13	学科交叉	8	与生物学有关的职业	8
	探究	11	想象空间	10	科学前沿（必修1、2）	5
	模型建构	4	批判性思维	4	科学史话（必修1、3）	2
	调查（必修2、3）	3	科学方法（必修3）	1	科学家的故事	3
	制作（必修3）	1	与社会的联系（必修2）	1	课外实践（必修2、必修3）	3
	技能训练	14			课外制作（必修1）	1
	"科学方法"	14				
	与社会的联系	14				
	与生活的联系（必修1）	7				

续 表

教材	正文穿插栏目		旁栏穿插栏目		正文后穿插栏目	
	类型	数量/个	类型	数量/个	类型	数量/个
2004版选修教材	课题背景（选修1）	8	？（选修1）	40	练习（选修1）	7
	从社会中来（选修2）	1	i（选修1）	27	思考与探究（选修2、3）	14
	到社会中去（选修2）	1	！（选修1）	1		
	讨论（选修2、3）	15	知识链接（选修2）	1	进展追踪（选修3）	5
	资料分析（选修3）	5	小知识（选修3）	17	拓展视野（选修3）	8
	模拟制作（选修3）	1	小资料（选修3）	1	参观访问（选修3）	1
	实验（选修3）	1				
	实践活动（选修3）	3	寻根问底（选修3）	5	课外活动（选修3）	1
	社会调查（选修3）	1				
	辩论会（选修3）	1	求异思维（选修3）	1	专题小结（选修3）	5
	生物技术资料卡（选修3）	9	异想天开（选修3）	5	书海导航（选修3）	6
			奇思妙想（选修3）	1	网站链接（选修3）	2
			生物技术资料卡（选修3）	2		

从上表比较可见，2019版教材设置的栏目种类大幅度减少，但数量有所增加，具体有以下几个变化：

（1）整合：与教材正文内容关联的学生活动，在2004版教材的基础上整合为两大类，一类是需要学生动手操作的活动类栏目"探究·实践"，主要来自2004版教材的"实验""探究""模型建构""调查""制作""模拟制作"等栏目；另一类是基于资料分析、不需要动手操作的思维类栏目"思考·讨论"，主要来自2004版教材的"思考与讨论""讨论""资料分析""资料搜集与分析"等栏目。整合后还进行了全方位的更新和完善,"思考·讨论"栏目活动都增加了标题,思考和讨论的主题更加鲜明,指向性更加清晰,更加聚焦各章节重点学习内容。"探究·实践"类活动则根据教材修订之前的调研结果和新课标的要求,进行了删减、增补、改写等,其目的是增强活动可行性,提高活动的教育价值。除此之外,旁栏的一些功能相同或相近的栏目也进行了整合和统一命名,如2004版必修教材和选修教材中的"?""寻根问底"等设问类栏目在2019版教材中,统一合并为"?"栏目,2004版选修3教材中的"求异思维""异想天开""奇思妙想"栏目合并为"异想天开"栏目。2004版选修教材中的"i""小知识""小资料"等栏目在2019版教材中合并到"相关信息"栏目。把功能相同的栏目统一命名,使栏目的功能更加明晰,更有利于教师的教学和学生的学习。

(2)删除:删除了2004版教材的"与生活的联系""网站登录""网站链接""书海导航""进展追踪"等栏目。

(3)更名:将2004版教材中的"技能训练"和"科技前沿"分别更名为"思维训练"和"生物科技进展"。

(4)位置调整:正文中、旁栏中和正文后的栏目均固定了位置,如"与社会的联系"从旁栏位置调整到正文中,"科学方法""生物技术资料卡"栏目将2004版教材在正文和旁栏均有出现的情况调整为仅在正文中穿插。

(5)格式调整:2019版教材栏目的图标和底色等格式全部统一,加强了区分度,其中学生活动探究类栏目"探究·实践""课外实践"等底色均为浅紫色(必修)或浅黄色(选择性必修),思

维类栏目"思考·讨论"底色为浅蓝色，正文后的课外阅读类栏目"科学·技术·社会""生物科技进展"等底色均为浅绿色。

2.3.2 栏目内容和功能的比较

2019版教材栏目的内容和功能总体上继承了2004版教材的设置，其中部分主要栏目的设计意图、功能定位、具体内容，以及与2004版教材相比出现的更名、删除、保留、调整等主要变化详见附件5和附件6。2019版教材主要栏目的种类虽然在2004版教材的基础上进行了精简和合并，但每个栏目中的具体内容却进行了大量的扩容和更新，主要呈现以下特点。

2.3.2.1 创设真实问题情境，激发兴趣提升素养

现代心理学认为，一切思维都是从问题开始的。教学要促进学生思维，就应当培养学生问题意识，教材编写应当引导学生产生问题。使学生产生问题的教学才能真正调动学生学习的积极性。一般而言，问题往往产生于具体的情境、不平常的现象、奇异的事物、引起矛盾的说法等，问题的火花将在流行的、似乎不言而喻的、解释行不通的或在理论及实际任务中解决不了的地方燃烧起来。教材就应当创设造成问题的情境、说法、事例和布置要解决的、有疑惑的任务。

贴近学生现实生活的真实问题，最能激发学生学习的兴趣和探究的欲望。2019版教材主要通过每节开篇的"问题探讨"和"从社会中来"栏目设置问题情境，引导学生思考与本节学习内容密切关联的核心问题。与2004版教材相比，这些问题更加注重创设真实的问题情境。例如，必修1第1章第1节"问题探讨"用"国宝大熊猫和冷箭竹生命活动的基本单位都是细胞"创设情境，引导学生思考

如何寻找证据。该情境还被巧妙地贯穿在正文分析生命系统结构层次时，以冷箭竹和大熊猫的细胞、组织等为例，说明细胞、组织、器官、系统和个体都是有生命活动的整体，属于不同层次的生命系统；以大熊猫种群为例，说明种群、群落、生态系统等生命系统的递进关系。这样"一境到底"的设计，使情境成为本节内容的组织线索，不但激发了学生的兴趣，而且加深了学生对概念的理解。再如，在选择性必修3中，除了节首用"从社会中来"栏目创设情境，提出与本节有关的工程技术问题，引发学生思考外，在节尾还设置了"到社会中去"栏目，引导学生采用思考、走访、调查等方式进一步关注社会生活中与本节学习内容有关的现象。这样的首尾呼应，让每一节的学习更加贴近社会生活，能充分调动学生学习的积极性，激发学习兴趣。

2019版教材利用问题驱动学习，提升学生核心素养的栏目还有"本节聚焦""思考·讨论""？""批判性思维""想象空间"和"异想天开"。前三个栏目是2019版教材中数量较多的栏目，分别有92处、109处和71处。问题驱动学习的栏目主要以提问来引发学生思考为出发点，但每一类栏目的功能又各有侧重。

（1）"本节聚焦"以若干问题串的形式突出了每节教学的重难点，引导学生明确本节学习目标。与2004版教材相比，该栏目内容变动不大，但立意发生了变化，由聚焦知识要点转变为聚焦核心素养。例如，必修1《分子与细胞》第2章第3节"细胞中的糖类和脂质"增加了"了解关于糖和脂质的知识，对健康地生活有什么帮助？"这一问题，突出了本节引导学生"追求健康生活方式，加强社会责任意识"的教育价值。第4节"蛋白质是生命活动的主要承担者"的"本节聚焦"中的一问,从"为什么说蛋白质是生命活动的主要承担者?"更新为"怎样理解蛋白质是生命活动的主要承担者?"反映了由知识本位转向应用概念和发展素养。第5章第1节"降低化学反应活化能的酶""本节聚焦"中的一问,从"科学家是怎样研究酶的本质的?"改为"通过对酶本质的探索过程的分析,你对科学是怎样发展的有哪些领悟?"引发学生对科学本质和科学精神的思考。

(2)"思考·讨论"栏目是适应自主探究、合作学习的需要而设计的,主要整合了2004版教材的"思考与讨论""讨论""资料分析""资料搜集与分析"等栏目内容,通过丰富的图文资料,列出富有思考价值的问题,有的拓展思维,有的概括演绎,有的知识迁移,并且都加上了小标题,对学生思维的启发和引导指向性更加明晰,明确地引导学生通过资料分析、独立思考和小组讨论,建构概念,进而发展核心素养。

(3)旁栏中的"?"主要是知识呈现过程中引申出的小问题,点拨思维,有利于学生对相关知识进行透彻理解。

(4)旁栏中的"批判性思维""想象空间"和选择性必修3中的"异想天开"则是通过引导学生对问题深入思考,训练其发散思维、求异思维和批判性思维。

2.3.2.2 多个栏目协调配合,促进生物概念建立

新课标的基本理念之一就是"内容聚焦大概念",教材的编写要以核心概念和原理为中心,围绕大概念和重要概念展开。2019版教材在2004版教材的基础上,一方面在正文中提供各种丰富的、有代表性的事实来为学生的概念形成提供支撑,另一方面利用多种栏

目，辅助和配合正文内容，帮助学生形成正确的生物学重要概念，并以此来建构合理的知识框架。"相关信息"栏目就承担了这个重要任务。2019版教材中的"相关信息"由2004版必修教材的"相关信息"和选修教材的"i""小知识"等栏目整合而成，增至81处，教材对一些不宜放在正文中呈现的细节知识内容、拓展性知识内容进行了补充，这不但扩充了知识信息容量，而且有助于学生对正文概念的正确理解和建立。例如，必修2第3章第1节讲述肺炎链球菌的转化实验时，S型细菌有多糖类的荚膜，有致病性，而R型细菌没有荚膜，无致病性。学生读到此处就会产生"为什么链球菌有荚膜就有致病性？是荚膜导致小鼠死亡的吗？"等疑问，2004版教材在这里没有及时答疑解惑，需要教师补充或者学生自己去寻找答案，这对学生理解肺炎链球菌的转化会有一定影响。2019版教材在此处通过"相关信息"栏目，及时给出了答案"有荚膜的肺炎链球菌可抵抗宿主的吞噬细胞的吞噬，有利于细菌在宿主体内生活并繁殖"。

旁栏的"学科交叉"和"知识链接"栏目，以及章末的"本章小结"栏目既加强了章节内重要概念间的逻辑联系，又体现了学科间的横向联系和章节间的纵向联系，纵横交错，促进学生形成正确的生物学重要概念，进而建立生物学观念，并以此来建构合理的知识框架网络。2019版教材中的9个"学科交叉"栏目，将生物学概念分别与化学、物理、地理、计算机等4个学科领域的相关概念建立联系，有利于学生理解跨学科的科学概念和过程，建立科学的生命观。

2.3.2.3 利用科学方法和史料，加强科学思维训练

新课标将科学思维作为生物学育人价值集中体现之一，定义为：科学思维是指尊重事实和证据，崇尚严谨和务实的求知态度，

运用科学的思维方法认识事物、解决实际问题的思维习惯和能力。生物学课程要帮助学生在生物学事实和证据的基础上，学会运用归纳与概括、演绎与推理、模型与建模、批判性思维、创造性思维等科学思维方法，认识生命现象，探索生命规律，形成科学思维的习惯，对生物学社会议题进行科学思考，展开科学论证。

2019版教材在继承2004版教材重视科学素养培养的基础上，对"科学方法"栏目内容进行了系统化设计，增加了"归纳法""建构模型""加法原理与减法原理"等几种科学方法介绍；保留并优化了"提出假说""同位素标记法""对比实验""预实验"等10种科学方法。例如，2004版教材"同位素标记法"的介绍在第5章"光合作用的原理和应用"一节，但实际在第3章"细胞器"一节中就已经出现了利用同位素^{3}H标记氨基酸，研究分泌蛋白的合成和运输过程。2004版教材在此处没有及时进行同位素标记法的介绍，会增加学生的理解难度。2019版教材对此进行了更改，将"同位素标记法"的介绍放在"细胞器"一节。不仅如此，该科学方法介绍的具体内容全面更新：新增了同位素的概念；强调了同位素组成的化合物化学性质相同，但物理性质有差异；列举了同位素可分为具有放射性和不具放射性两类。这些变化使学生对同位素标记法以及利用该方法开展的科学研究都有了更全面和深入的理解。

2019版教材的"思维训练"栏目主要是引导学生在思考背景材料相关问题时，运用思考技能，领悟和实践科学方法，训练科学思维。其中一部分内容是来自2004版教材的"技能训练"栏目，保留了其中6个内容，删除了8个，新增了12个，如新增的"运用证据和逻辑评价论点""综合概括""分析相关性""推断假说与预期""验证假说，预测结果""分析循环因果关系""溯因推理""辨别'偷换概念'""评估论点的可信程度""评估获取证据的难度"等，内容充实，思维训练更加系统、全面，从不同角度和侧重点加强了学生获取与甄别证据、处理与解释数据、辨别和提出假设、展开合理推理、正确评估论断等能力的培养，进而加强了学生科学逻辑思维的严谨性、全面性、深刻性和流畅性。

2019版教材对2004版教材"科学史话""科学家的故事"两个栏目的内容进行了更新，分别删除了"稳态概念的提出和发展""细胞世界探微三例"；保留了染色体遗传理论的奠基人摩尔根和我国生态巨匠马世骏两位科学家的故事，以及我国科学家完成的世界上第一个人工合成蛋白质的诞生过程；新增了"生物电的发现"科学史。因科学技术的不断发展，2019版教材与时俱进，调整了两处科学史的呈现方式。2004版教材"科学前沿"栏目中的"授予诺贝尔化学奖的通道蛋白研究"，调整为2019版教材"生物科学史话"栏目中的"人类对通道蛋白的探索历程"，并在2004版教材基础上丰富了通道蛋白探索历程的科学史内容。在2019版教材中，水通道蛋白已成为正文表述内容，由2004版教材的"自由扩散"，更新为2019版教材的"研究表明，水分子更多的是借助细胞膜上的水通道蛋白以协助扩散方式进出细胞"。而"遗传密码的破译"由2004版教材必修2第4章第3节的选学内容，调整为2019版教材的科学史话。2019版教材通过这些栏目的内容设计和优化，引导学生重温科学研究历程，提升科学思维能力，形成科学思维习惯。

2.3.2.4 通过栏目拓展视野，加强STS教育

近20年间，生物科学技术领域取得了很多创新性的研究成果，

这些科技成果对社会的影响越来越大，它们不仅体现在生物技术产业对社会生产力的提高，对人们健康水平、生活质量的提高，还体现在对生存环境的改善，对人们思想观念的改变和思维方式的影响，以及对人类社会的伦理道德体系产生的冲击等。而注重科学、技术和社会相互关系是贯穿高中生物学课程的主线之一，也是生物学学科核心素养达成的重要途径。

2019版教材延续了2004版教材的做法，把对科学、技术和社会生活的关注体现在栏目设置中，如"拓展视野""科学·技术·社会""与社会的联系""与生物学有关的职业"等栏目，以及由2004版教材"科学前沿"栏目更名而来的"生物科技进展"栏目。这些栏目通过介绍生物科技与社会的关系，使学生深刻体会科技对社会生活所产生的价值和影响，引导学生积极思考与生物学有关的社会问题，学会运用知识解决现实问题，尝试参与公众事务的讨论和作出个人决策，宣传生物学知识和健康的生活方式，识别伪科学和迷信，培养学生的社会责任感，还为学生选择学习方向和职业方向奠定必要的基础。栏目内容在2004版教材基础上进行了较大的更新，增加了近些年的科技新进展和新职业，更具时代气息。例如，"生物科技进展"栏目增加了"秀丽隐杆线虫与细胞凋亡研究""单细胞基因组测序""基因组编辑""免疫系统的新发现""癌症的免疫疗法"等科技新进展介绍；"科学·技术·社会"栏目增加了"人类辅助生殖技术""精准医疗""脑机接口让工具真正实现'随心所欲'""流行性感冒及其预防"等；"与生物有关的职业"栏目增加了"病理科医师""测序工程师""遗传咨询师""影像技师""疫苗制品工""发酵工程制药工""细胞培养工程师"等与生物学有关的新兴职业。除了新增内容,2019版教材对2004版教材中有育人价值的内容进行了重新安排。例如,2004版教材"科学·技术·社会"栏目中的"拒绝毒品、慎用心理药物",介绍了毒品的危害和三类心理药物(兴奋剂、镇静剂和致幻剂)的副作用,2019版教材对这部分内容进行了不同的安排,吸食毒品和兴奋剂滥用对人体和社会造成的危害越来越大,因此"拒绝毒品"的内容调整为选择性必修1第2章第3节的正文内容,2019版教材还专门设置小标题"滥用兴奋剂,吸食毒品的危害",重点分析了滥用兴奋剂和吸食毒品的成瘾原因、成瘾症状及其危害,帮助学生建立健康生活方式,增强社会责任。而随着时代的发展,有心理问题的人越来越多,在2019版教材中,删除了"慎用心理药物"的提法,在选择性必修1第2章第5节"人脑的高级功能"中新增了人脑高级功能之一——情绪,介绍抑郁症的形成过程、症状和治疗的方式,并在旁栏"相关信息"栏目中介绍了抗抑郁药的作用机理。

在加强STS教育的栏目中,选择性必修3教材还有一个不同于其他模块的设计,即每一章首的"科技探索之路"栏目。该栏目在2004版教材的基础上,重新梳理和更新了本章要学习的生物技术与工程的简要发展脉络,让学生从中体会到科学技术在科学家们前仆后继的不断探索努力下,一直在发展和进步;感悟到知识转化为技术,技术发展为工程的历程;理解科学技术的重要价值,并引导学生关注科学、技术与社会的关系。

2.3.3 "探究·实践"等活动类栏目的比较分析

2019版教材中的学生活动类栏目主要是"探究·实践",此外还有课后的学生活动,如"课外实践""课外制作"。"探究·实践"作为实验、探究类活动，依据新课标的内容要求或活动建议的要求设计。开展这类活动，学生需要亲自体验探究过程，通过实验条件摸索、实验方案设计、实验操作实施、资料搜集整理、社会实践调查、团队分工合作、观点讨论碰撞等形式，提升学生的实验技能和探究能力，培植科学精神，掌握科学探究的基本思路和方法，同时体验知识的形成过程，促进概念的建构。与2004版教材相比较，2019版教材此类内容大部分是在2004版教材的"实验""探究""模型建构""调查"等活动基础上修改、精简和完善的。对照新课标和2004版教材，2019版教材学生活动类栏目的标题和数量的具体变化详见附件7。

通过比较可知，出现在2019版教材"探究·实践""课外实践""课外制作"等栏目中的学生活动总量为42个，主要包括探究、制作、观察、模拟、模型建构、调查等类型的活动。与新课标相比，大部分课标要求以实验等探究实践活动落实的内容在2019版教材中已落实。与2004版教材的对应内容相比，删除了9个学生实践活动，变更了5个，补充了7个。2019版教材的学生探究实践活动主要呈现以下特点。

2.3.3.1 落实新课标要求，促进核心素养提升

生物学是一门以观察和实验为基础的科学，整个生命科学发展历程就是一个科学探索的过程。"科学探究"为新课标中的生物学学科核心素养之一，对于教材而言，该素养的培养和提升很大程度上需要科学探究活动作为载体。通过探究活动，学生在对提出的生物学问题进行观察、提问、实验设计、方案实施以及对结果的交流与讨论过程中，才能逐步掌握科学探究的基本思路和方法，提高实

践和创新能力。

为帮助学生达成对相关概念的理解，促进学生科学探究素养的提升，新课标在给出的教学提示中，罗列了应开展哪些教学活动或实验。根据新课标要求，2019版教材增补了5个探究实践活动：①探究酶催化的专一性的"淀粉酶对淀粉和蔗糖的水解作用"；②探究抗生素对细菌的选择作用；③调查当地的环境状况，提出保护环境的建议或行动计划；④课外实践——参观庭院生态系统或生态园；⑤DNA片段的扩增及电泳鉴定。此外，2019版教材还增补了两个新课标中没有提及，但对于学生理解并掌握相关知识有促进作用的课外实践活动：①设计实验，验证植物根向地性的感受部位在根冠；②基于网络数据分析基因和蛋白质的序列信息。

根据新课标，2019版教材大幅度调整了3个实验的内容：①"用高倍显微镜观察叶绿体和细胞质的流动"实验中，将2004版教材的观察线粒体删除，替换成观察细胞质流动；②"建立减数分裂中染色体变化的模型"活动中，在2004版教材基础上增加了"模拟四分体时期非姐妹染色单体间的互换"，以帮助学生深刻理解减数分裂过程中染色体的互换和自由组合两种重要变化，为后续学习基因重组等奠定基础；③"探索植物生长调节剂的应用"活动中，除了保留2004版教材"探索生长素类调节剂促进插条生根的最适浓度"外，还增加了"尝试利用乙烯利催熟水果"。

新课标中提示的一些教学活动，2019版教材与部分其他版本的教材不同，不是以学生"探究·实践"活动呈现，而是以"思考·讨论"等思维类、讨论类的教学活动呈现。例如，①必修1中新课标要求的教学活动"通过模拟实验探究膜的透性"，2019版教

材中不以探究活动呈现，而是沿用2004版教材的呈现方式，在节首的"问题探讨"栏目中，通过渗透装置展示渗透现象，创设情境，引发学生的思考。部分其他出版社编写的2019版教材将这一课标要求设计为了学生活动，如北师大版中的实践应用实验"验证酵母细胞质膜的功能"，浙科版中的学生活动"通过模拟实验探究膜的透过性"。②必修2中新课标要求的教学活动——"搜集DNA分子结构模型建立过程的资料并进行讨论和交流"，出现在了2019版教材的"思考·讨论"栏目中，通过呈现DNA结构模型的建构的相关科学史料，引导学生分析讨论，深刻理解DNA分子结构。③必修2中新课标要求的教学活动——"搜集生物进化理论发展的资料，探讨生物进化观点对人们思想观念的影响"，2019版教材通过设计"思考·讨论：分析生物进化观点对人们思想观念的影响"来落实课标要求。④选择性必修1中新课标要求的实验"观看血液分层实验的视频，讨论血细胞与血浆的关系"，在2019版教材中的呈现方式是通过"思考·讨论"引导学生分析血浆的化学成分，理解"血浆是血细胞直接生活的环境"这一概念。而浙科版和沪科教版教材则分别设计了学生探究实验"观察血液分层现象，分析血浆的化学成分"和"观察血液的分层现象"。

在与2004版教材相同内容的实践探究活动中，2019版教材以探究能力的培养为重要线索，在2004版教材基础上精心修改、完善，更加有助于学生掌握科学探究的基本思路和方法，激发学生创新思维，培养学生实践探究能力，进而帮助学生提升生物学学科核心素养。比如，"探究植物细胞的吸水和失水"实验中，增加了实验设计思路的点拨，引导学生在设计探究实验时思考4个问题：①当外界溶液的浓度高于或低于细胞液的浓度时，细胞的变化？②如何使细胞外溶液的浓度提高或降低？③如何看到细胞？需要用到什么材料和器具？④细胞失水或吸水后可能出现哪些可观察的变化？这些思考引导帮助学生厘清探究过程的关键环节，从而帮助学生顺利完成探究任务。

2.3.3.2 删除精简调整，适当降低探究难度

学生的探究实践活动难度需适中，才有利于探究活动的实施，达成其教育价值。因此，2019版教材删除、精简、调整了一些新课标中未要求的学生实践活动。删除的活动有：①2004版必修1教材的"观察DNA和RNA在细胞中的分布"，实验操作难度大，效果不理想；②"体验制备细胞膜的方法"，实验材料不容易得到，影响实验效果；③2004版必修2教材的"调查转基因食品的发展现状"课外实践，因与2019版教材选择性必修3第4章第1节"转基因产品的安全性"相关内容有所重复，予以删除；④2004版必修3教材的模型建构活动"建立血糖调节的模型"，活动中使用卡片模拟胰岛素和胰高血糖素的相互拮抗作用，其效果不理想；⑤2004版选修3教材的实践活动"调查沼气工程的实施情况"，因相当一部分学生的生活环境周围没有沼气工程设施，难以完成该调查活动，予以删除；⑥2004版选修3教材的"胡萝卜的组织培养"实验，其与2004版选修1教材的"菊花的组织培养"部分实验步骤重复，因此2019版教材删除了前者；实验"月季的花药培养"难度过高，实验过程同样有所重复，也予以删除；⑦2004版选修3教材的课外活动"观察蛙受精卵的分裂"实验，其教育价值不大，学生到水边采集标本也存在安全隐患，予以删除。

为了精简教材篇幅，降低实验难度，2019版教材除了对2004版

教材中可行性好、教育价值高的探究实验活动保留并完善外，还根据新课标的要求做出调整和取舍，对难度较大的学生探究活动精简和调整为思维类活动或课后习题，保留这部分内容的思维训练价值。例如，①2004版必修1教材的实验"细胞大小与物质运输的关系"，实验教育价值不大，2019版教材将其改为"思维训练：运用模型作解释"，保留其发挥思维训练的功能；②2004版必修2教材的探究活动"脱氧核苷酸序列与遗传信息的多样性"在2019版教材中调整为"思考·讨论：分析脱氧核苷酸序列与遗传信息的多样性"；③2004版选修1教材的实验"检测亚硝酸盐含量"调整到2019版选择性必修3教材的课后"练习与应用"，通过分析折线图引导学生理解发酵时间和亚硝酸盐含量的关系；④2004版选修3教材的模拟制作"重组DNA分子的模拟操作"实验价值不高，在2019版教材中调整为"思考·讨论：重组DNA分子"；⑤2004版选修1教材的实验"腐乳的制作"的相关背景知识成为2019版选择性必修3教材正文中对传统发酵技术情境的导入材料；⑥2004版选修1教材的实验"分解纤维素的微生物的分离"中纤维素分解菌在刚果红培养基上形成透明圈的原因分析保留在了2019版选择性必修3教材的"练习与应用"里。

2.3.3.3 联系生活实际，加强探究的可行性

2019版教材充分考虑了学生动手探究活动的可操作性，在活动内容的选择、实验材料用具和设备装置的优化、实验环节和方法的改进等方面，密切联系生活实际，在满足课程标准要求，保障实验教学效果的同时，尽量做到低成本、低消耗、低（无）污染，加强了实验的可行性。

有的实验增加了更加接近生活实际的备选实验材料。例如，"检验生物组织中的糖类、脂肪和蛋白质"，删除了易氧化褐变的苹果匀浆和马铃薯匀浆，取而代之的是常见、耐储存、不易变色的葡萄匀浆和白萝卜匀浆；检测蛋白质的材料增加了生活中常见易制备的鸡蛋清稀释液；"观察叶绿体和细胞质流动"实验材料中，增加了实验效果良好的番薯叶。本着引导学生热爱自然、珍爱生命，形成生态意识的教育理念，在"使用高倍镜观察几种细胞"实验中，教材建议选用的观察材料里删除了"蛙的皮肤上皮细胞"。"探究环境因素对光合作用强度的影响"实验中，用节能环保的5 W LED台灯替换40 W台灯。这些材料用具的改进不仅可降低实验成本，让实验活动切实可行，同时凸显绿色、低碳理念，有助于增强学生的社会责任意识。

有的实验通过调整实验环节，明晰实验步骤，增加关键实验操作或实验现象的图示，来提高探究活动的可行性。例如，①"检验生物组织中的糖类、脂肪和蛋白质"实验中删除了苏丹Ⅳ染液对脂肪的染色，删除了向花生匀浆中滴加苏丹Ⅲ染液，减少了实验操作环节，同时增加三种有机物与相关试剂的颜色反应示意图，便于学生比照示意图观察自己的实验结果；②"比较过氧化氢在不同条件下的分解"实验中，实验步骤4"将点燃的卫生香放入3、4号试管内"由2004版教材的"2～3 min后"改为"立即"，更切合实际，因为如果等待2 min再操作，试管中的氧气都逸散了，很难观察到卫生香复燃的现象；③在"观察根尖分生区组织细胞的有丝分裂"实验中，制片时无需在盖玻片上再加一块载玻片，而是用拇指直接轻轻按压盖玻片，减少实验操作环节。此外，2019版教材还增加了显微

镜视野下观察到的有丝分裂各时期图像，利于学生对各时期图像的认知不局限在模式图中，加强了学生对真实的有丝分裂各时期图像的辨别能力。

有的实验增加了生活情境导入，以发现和解决现实生活中的实际问题为情境载体，帮助学生建立起它们与生物学概念之间的联系。例如，"探究植物细胞的吸水和失水"中，情境导入时除了2004版教材中生活日常发生的植物细胞失水的实例外，还增加了"将有些萎蔫的菜叶浸泡在清水中不久，菜叶就会变硬挺"的植物细胞吸水实例，更有利于学生通过回忆生活经验，建立植物细胞吸水和失水的概念。

2.4 教材语言特点的比较分析

教材语言有两种类型：一是文本语言（又叫对象语言），二是编者语言（又叫叙述语言）。文本语言讲求科学性和准确性，必须真实再现科学事实，蕴藏丰富的科学文化内涵。而编者语言包括对文字的组织、加工、处理等，其形式、结构和内容必须符合学生的年龄特征、兴趣和认知水平，能够充分激发学生的求知欲，因此，编者语言在某种程度上决定着教材语言的基本面貌。

语言是人类进行交流和思维的工具，教材语言则是引领学生走进相关科学的殿堂，与科学家进行思想碰撞，学习科学知识和科学方法，并内化为自身知识结构和能力素质等的承载体和教学体。因此，教材语言的科学性和实效性也就成为评价一本教材的优质程度和受欢迎程度的关键因素之一。2019版教材的语言表达在2004版教材的基础上进一步优化，力求简练、明快、通俗、生动，加强语言的逻辑和文学的美感，其教材语言呈现出以下特点。

2.4.1 与时俱进

2019版教材的编写修订工作与2004版教材的出版时间相比已过去15年，15年间很多生物学的知识迭代更新，很多生物学概念发生了变化，而这些变化都在2019版教材的编写修订中得以体现。例如，把"蓝藻"改为"蓝细菌（旧称蓝藻）"，氨基酸的种类由"20种"改为"21种"，水分子的跨膜运输方式由"自由扩散"改为"水分子有两种运输方式，更多的是借助细胞膜上的水通道蛋白以协助扩散方式进出细胞"，"龙胆紫溶液"改为"甲紫溶液，旧称龙胆紫溶液"，"脂肪"改为"甘油三酯"，ATP的名称由"三磷酸腺苷"改为"腺苷三磷酸"，"端粒是DNA"改为"端粒是DNA—蛋白质复合体"，细胞全能性概念由"已分化细胞仍具有发育成完整个体的潜能"改为"细胞经分裂和分化后，仍具有产生完整有机体或分化成其他各种细胞的潜能和特性"，"表现型"改为"表型（也叫表现型）"，"肺炎双球菌"改为"肺炎链球菌"，"镰刀型细胞贫血症"改为"镰状细胞贫血"，"共同进化"改为"协同进化"，"效应T细胞"改为"细胞毒性T细胞"，灭菌方法中的"高压蒸汽灭菌"改为"湿热灭菌：这是一种利用沸水、流通蒸汽或高压蒸汽进行灭菌的方法"，限制酶的全称由"限制性核酸内切酶"改为"限制性内切核酸酶"，等等。这些改变与时俱进，与生物科学领域的概念提法保持一致，更具时代气息。

2.4.2 严谨准确

教材语言的准确性和严谨性，是保证教材内容科学性的前提。作为自然科学范畴的生物学学科对教材语言的准确性要求就更高了。不仅要求思维严密，用词严谨，数据准确，符合科学事实，而

且要符合语言规范，不能似是而非，模棱两可，含糊其辞。2019版教材就更正了2004版教材中很多不准确的地方。例如，肽键由"—CO—NH—"改为"—CO—NH—中CN之间的化学键"，一改过去一直错误的提法。基因的概念由"基因是有遗传效应的DNA片段"改为"基因通常是有遗传效应的DNA片段"，加上"通常"二字，就把RNA病毒的基因是RNA片段的情况考虑了进去，而不是武断地认为基因都是DNA片段，修改后基因概念的表述更加严密准确。多基因遗传病概念由"受两对以上的等位基因控制"改为"受两对或两对以上的等位基因控制"，这样就不会对两对等位基因控制的遗传病的归属造成歧义。再如，"糖蛋白叫作糖被"改为"糖蛋白和糖脂叫作糖被"，"着丝点"改为"着丝粒"，四分体中的非姐妹染色单体"发生交叉互换"改为"可以发生互换"，"淋巴因子"改为"细胞因子（如白细胞介素、干扰素、肿瘤坏死因子）"，"种群增长的'J'型曲线"改为"种群增长的'J'形曲线"，"无机环境"改为"非生物环境"，酿酒酵母的最适生长温度由"20℃左右"改为"约为28℃"，等等。

2.4.3 言简意赅

简明扼要实际上是教材语言表达上的度的问题，也就是讲多少合适的问题。教材语言言简意赅，提纲挈领，不加过分雕琢和修饰，才容易使学生理解。美国学者在教材语言繁简与学生接受力关系的比较研究中发现，学生如阅读课文长度1/5的总结性材料，要比阅读全部材料更能把握课文实质。2019版教材延续了2004版教材简洁清晰的语言特色，使学生从冗长、烦琐的文字中解脱出来，有利于概念的理解和应用，有的概念表述等作了进一步的简洁处理。例如，2004版教材在列举糖被功能时是这样阐述的："糖被在细胞生命活动中具有重要的功能。例如，消化道和呼吸道上皮细胞表面的糖蛋白有保护和润滑作用；糖被与细胞表面的识别有密切关系。经研究发现，动物细胞表面糖蛋白的识别作用，好比是细胞与细胞之间，或者细胞与其他大分子之间，互相联络用的文字或语言。"2019版教材对这部分的表述简洁概括为"例如，糖被与细胞表面的识别、细胞间的信息传递等功能有密切关系"。这样的表述简明扼要，把一些多余信息删除，让学生更加明确糖被在信息识别和传递方面的作用。再如，二倍体概念在2004版教材中表述是"由受精卵发育而来，体细胞中含有两个染色体组的个体"，在2019版教材中改为"体细胞中含有两个染色体组的个体"。

2.4.4 通俗易懂

学生对一门学科的好恶与其是否能理解学习内容有很密切的关系，因此教材写得是否通俗易懂会影响学生对一门学科的学习兴趣。为使文章写得通俗易懂，特别忌讳的一条是，不加说明地使用超越学生发展阶段的陌生词汇和语句。中学教材具有特定的读者对象，教材语言必须考虑这一特定群体的年龄特征、生理心理特点，才能发挥作用。苏联学者米克，对语言难易不同的教材的教学效果做了实验，结果表明，凡注意使用易懂语言的教材，能使学生学习成绩提高12%～15%。2019版教材基于这个原则，对2004版教材的一些文字表达进行了修改。例如，2004版教材中在必修1第2章第5节讲部分病毒的遗传信息直接贮存在RNA中时，列举了HIV、SARS病毒，但这两种病毒更多的信息并没有提供，2019版教材在此处就注明了病毒的中文名称"HIV（人类免疫缺陷病毒）、SARS（严

重急性呼吸综合征）病毒"，学生很容易就记住了这两种RNA病毒。再如，正常血糖值范围由"血糖（0.8～1.2 g/L）"改为"血糖（3.9～6.1 mmol/L）"，这与医院体检报告单和平时生活中常提起的正常血糖值的单位保持一致，学生更容易掌握。还有"细胞的能量'通货'ATP"改为"细胞的能量'货币'ATP"，两种激素间的关系由"激素拮抗作用"改为"激素效应相抗衡"，"标志重捕法"改为"标记重捕法"，生态系统稳定性的概念由"生态系统所具有的保持或恢复自身结构和功能相对稳定的能力"改为"生态系统维持或恢复自身结构和功能处于相对平衡状态的能力"，等等。

2.4.5 要点鲜明

2004版教材中有的重要概念的表述不够细致到位，增加了学生的理解难度，在2019版教材的编写修订工作中，对这一部分要点内容进行了微调，重新编辑语言，使要点更加鲜明清晰，易于理解。例如，2004版教材在描述细胞分化的原因时表述为"在个体发育过程中，不同的细胞中遗传信息的执行情况是不同的"，而教师在教学过程中总是会在此处补充"基因的选择性表达是细胞分化的根本原因"；2019版教材则把这句很关键的话直接写入教材："这是细胞中的基因选择性表达的结果，即在个体发育过程中，不同种类的细胞中遗传信息的表达情况不同。"再如，细胞癌变的原因在2004版教材里的表述是"原癌基因和抑癌基因发生突变，导致正常细胞的生长和分裂失控而变成癌细胞"，但为什么这两种基因突变，就会使细胞生长和分裂失控，教材没有做过多的交代，以至于学生对这个问题模棱两可。2019版教材对这个问题进行了很细致明确的解析："原癌基因突变或过量表达而导致相应的蛋白质（细胞正常生长和增殖所必需）活性过强，就可能引发细胞癌变；相反，抑癌基因突变而导致相应蛋白质（抑制细胞的生长和增殖，或促进细胞凋亡）活性减弱或失去活性，也可能引起细胞癌变。"这段文字就非常清晰鲜明地解答了学生的疑惑，化解难点。

2.4.6 循循善诱

2004版教材在一些有难度的章节中采用问题串的形式，循循善诱，调动学生思维，激发学生的求知欲，引导学生主动参与到教学活动中，步步深入地分析问题，解决问题，从而突破难点，化解疑点。2019版教材沿用了该设计，在一些章节增设了问题串，用楷体字和正文相区别。例如，在必修1第4章第1节"被动运输"中，增设了问题串："水分子通过细胞膜进出细胞也是同样的原理吗？细胞膜是否相当于一层半透膜呢？水又是怎样进出植物细胞的呢？"再如，在第5章第1节"二 酶的特性"中，增设了问题串："酶的催化作用与无机催化剂相比有什么不同呢？酶能像无机催化剂一样，催化多种化学反应吗？酶起催化作用需要怎样的条件呢？"2019版教材还对一些原有的问题串进行了优化。例如，在"孟德尔的豌豆杂交实验（一）"一节的问题串"为什么子二代中矮茎性状又出现了呢？"修改为"为什么子一代没有矮茎的，而子二代又出现了矮茎的呢？"使学生对问题的全貌更清晰。再如，"基因指导蛋白质的合成"一节的问题串"为什么RNA适于作DNA的信使呢？"前增加了一个问题"RNA是什么物质？"这样问题就更有梯度了。这些问题串使学生对学习的意义有了明确的认识，从而采取主动进取的态度，去克服困难，寻求答案。这不但培养了学生的学习兴趣，而且训练了学生的科学思维。

2.4.7 生动有趣

复杂的学习领域应针对学习者先前的经验和学习者的兴趣，只有这样，才能激发学习者的学习积极性，学习才可能是主动的。由于生物学学科科学性强，涉及的部分知识抽象而理性化，会使学生在认知过程遭遇瓶颈，这就要求教材通过生动形象和饶有趣味的语言化抽象为具体、化深奥为浅显、化单调为风趣，以帮助学生更好地理解、掌握所学知识。2019版教材从三方面增加了趣味性：

（1）善用比喻。例如，讲述遗传信息的翻译时，2019版教材沿用了2004版教材的比喻："mRNA进入细胞质后，就与蛋白质的'装配机器'——核糖体结合起来，形成合成蛋白质的'生产线'。有了'生产线'，还要有'工人'，才能生产产品。将氨基酸运送到'生产线'上去的'搬运工'是另一种RNA——tRNA"。再如，讲述免疫系统组成时，2019版教材把免疫系统比作人体的"安全保卫部"，把免疫器官、免疫细胞和免疫活性物质比作它拥有的"部队"，把免疫系统对病原体的识别和清除比作"激烈的保卫战"。

（2）巧设例证。例如，讲述ATP与ADP相互转化处于动态平衡时，为了便于学生理解这个过程，教材进行举例："据测算，一个人在激烈运动的状态下，每分约有0.5 kg的ATP转化成ADP，释放能量，供运动之需。"再如，教材在引出色素作用时写道："在玉米地里，有时可以看到叶片中不含绿色色素的白化苗。这样的白化苗，待种子中贮存的养分耗尽就会死去。可见，叶片中的色素可能与光能的捕获有关。"

（3）贴近生活。例如，讲述糖类在体内转变成脂肪时，教材旁栏漫画中一只北京鸭问道："我每天吃的都是一些玉米、谷类和菜叶，为何还会身体'发福'呢？"可见，2019版教材的描写笔调生动，文字流畅，引人入胜。

2.4.8 平易近人

2019版教材延续了2004版教材富有感情、平易近人的行文风格，与学生进行亲切自然的沟通和交流。这样亲和的文字表达方式拉近了学生与教材的距离，也就拉近了学生与科学的距离。教材不但增加了"你""我们"等称谓的使用，还增加很多带有商量口吻、建设性提议和号召性的语句。例如："通过下面的探究实践，你可以尝试检测不同生物组织中的糖类、脂肪和蛋白质。""让我们先来分析水是怎样进出细胞的。""如果你有兴趣，还可以查阅相关资料，了解伴性遗传规律在生产实践中的其他应用。""除了上述资料，你还知道哪些实例，能够揭示基因的含义，说明基因与DNA的关系？""你已经知道，种群的出生率和死亡率……下面我们分别探讨非生物因素和生物因素对种群数量变化的影响。""你的家乡是否有环境问题？""你能举出你所在地区的实例进行说明吗？""毫毛来自体细胞，我们能用体细胞'变'出猴来吗？"等等。除了以上正文中出现的例子外，更多的商量式的表达方式还出现在习题系统中。

2.4.9 优美风雅

2019版教材继承和发扬了2004版教材在体现人文气息、增强文字美感方面所做出的努力，在章首、正文、习题等处不乏优美风雅的语句、诗词，将现代生物科学技术与中华民族独特的人文底蕴进行有机融合，赏心悦目，引人入胜，提升了学生的阅读体验，提高了学生的人文素养。章首诗句有新增和更新升级，例如，必修1第4章《细胞

的物质输入和输出》章首诗句更新为"掌控着道道闸门，驱动着各式舟车。输入输出中忙碌，被动主动间选择。生物大分子铸就，神奇的生命之膜"。必修2第3章《基因的本质》更新为"揭秘基因的化学本质，解析DNA的优美螺旋。验证DNA的精巧复制，测读ATGC的生命长卷。回响着不同观点的争论，传颂着合作探究的典范！"。必修2第5章《基因突变及其他变异》章首诗句更新为"遗章首诗句传造就生命延续的根基，变异激起进化的层层涟漪。研究遗传变异的分子机制，为人类健康增添新的助力"，等等。此外，教材中还出现了多处中国古诗词，旨在加强学生对生物概念理解的同时，弘扬优秀中华传统文化和精神内涵，增强民族认同感，提升学生的社会责任核心素养。例如，"银烛秋光冷画屏，轻罗小扇扑流萤。天阶夜色凉如水，卧看牵牛织女星。"（唐·杜牧）"离离原上草，一岁一枯荣。野火烧不尽，春风吹又生。"（唐·白居易）"螟蛉有子，蜾蠃负之"（《诗经·小雅·小宛》）"葡萄美酒夜光杯，欲饮琵琶马上催。醉卧沙场君莫笑，古来征战几人回。"（唐·王翰），等等。

3 结语

通过对人教社2019版和2004版生物学教材的体系、重要概念及相关内容、栏目和语言等四个方面的比较，不难看出，2019版教材呈现出许多超越2004版教材的优点。

第一，为充分落实新课标理念和要求，2019版教材在内容的选择和取舍上可谓匠心独运，在继承2004版教材优点的基础上，结合教学实际，借鉴国际教育的经验，全面提升了教材的育人价值。2019版教材依据课程标准的要求，聚焦生物学概念的建构，教材内容覆盖课程标准列出的全部生物学大概念和重要概念，注重了概念的深度理解、自主建构和与时俱进，充分体现了新课标的基本思想和核心价值。2019版教材精心选择编排内容，突出学生生物学学科核心素养的培养；优化了概念的呈现顺序，更加符合学生的心理特点和认知规律；增加了概念的衔接和拓展，有助于学生自主建构概念并形成体系；恰当增删部分教材内容，充分把握了基础性、长效性和可迁移性。

第二，2019版教材更新了很多生物科技进展，采取不同的方式和角度向学生介绍生物科学的前沿动态，充分反映最新生物技术的特点和趋势，反映时代的需要和生物科学的进步，开拓了学生的视野和知识面，体现了教材的先进性。与此同时，教材还关注学生的生活经验，通过介绍有关STS的资料，反映社会、经济和科技发展的需要，引导学生深入探讨生物科学、技术与社会三者之间复杂的互动关系，理解科学的价值和局限性。

第三，2019版教材以学生实践探究活动作为教材的重要组成部分之一，培养学生的科学思维和科学探究能力。教材对探究实践活动进行了小幅度的更新，设计更加丰富多样，性质更加突出鲜明，充分体现出探究的实质和特征。探究活动不仅体现在教材课内外的学生实践活动中，而且还体现在科学史实内容的更新和科学方法等栏目的介绍中。2019版教材向学生渗透科学探究的方法和过程，这些环节很好地引导学生对科学探究方法进行领悟和应用，培养学生自主探究和主动建构知识的能力，训练学生的科学思维，发展学生的创新精神和实践能力。

第四，2019版教材通过核心概念的聚焦、探究活动的开展和

生物科学史介绍等多种途径，以及其中蕴含的丰富的思想内涵，帮助学生形成物质与能量、结构与功能、稳态与平衡、进化与适应等生命观念，有利于学生逐步形成科学的世界观。2019版教材还引导学生关注家乡和国家的建设、发展以及取得的各种成就，有机融入了社会主义核心价值观，加强学生的国家认同、制度自信和文化自信，增强民族自豪感和社会责任感。

第五，2019版教材特别重视教学情境的创设，为学生营造一个在现实生活的背景中学习生物学的氛围，激发学生的求知欲，培养学生解决问题的能力，倡导学生在解决实际问题的过程中深入理解生物学的核心概念，并能运用所学知识参与公众事务的讨论或作出个人决策，与此同时，为学生的学业选择和步入社会提供帮助。

第六，2019版教材语言表述不但更加科学准确，而且与时俱进、言简意赅、通俗易懂、要点鲜明、循循善诱、生动有趣、平易近人、优美风雅，使学生易于接受、理解和掌握知识。此外，2019版教材通过适当安排选学内容或选做活动，增加教材的弹性和灵活性；通过设计答案不唯一的作业评价系统，增强教材的开放性和可塑性；通过精良的印制和丰富的插图，增强教材的可读性。

总之，2019版教材是一套充分体现新课标的基本理念、课程目标和内容标准的优秀教材，以期在使用和修订过程中不断完善。

参考文献

[1]廖哲勋，田慧生.课程新论［M］.北京：教育科学出版社，2003.

［2］路德维希·冯·贝塔朗菲.生命问题：现代生物学思想评价［M］.吴晓江，译.北京：商务印书馆，1999.

［3］赵占良，谭永平.聚焦学科核心素养，彰显教材育人价值——普通高中生物学教材修订的总体思路［J］.课程·教材·教法，2020，40（1）：82-89.

［4］中华人民共和国教育部.普通高中生物学课程标准（2017年版2020年修订）［S］.北京：人民教育出版社，2020.

［5］中国高考报告学术委员会.高考评价体系解读［M］.北京：现代教育出版社，2021.

［6］刘恩山，朱立祥，李晓辉.基于学习科学理论落实核心素养目标——浙科版高中生物学教材的设计意图和教学取向［J］.生物学通报，2020，55（8）：13-18.

［7］谭永平.人教版《普通高中教科书生物学》修订情况简介［J］.生物学教学，2019，44（10）：10-14.

［8］钟启泉，张华.世界课程改革趋势研究［M］北京：北京师范大学出版社，2001.

［9］谭永平.人教版《普通高中教科书生物学》栏目设计意图［J］.生物学通报，2022，57（5）：15-18.

［10］沈晓敏.关于新媒体时代教科书的性质与功能之研究［J］.全球教育展望，2001，（3）：23-27.

［11］朱正威，赵占良.普通高中教科书教师教学用书.生物学.必修2：遗传与进化［M］.北京：人民教育出版社，2019.

附件

附件1 高中生物学2019人教版与2004人教版教材
章节目录对应比较表

2004版教材目录	2019版教材对应目录
《分子与细胞》第1章 走近细胞 第1节 从生物圈到细胞 第2节 细胞的多样性和统一性	《分子与细胞》第1章 走近细胞 第1节 **细胞是生命活动基本单位** 第2节 细胞的多样性和统一性
第2章 组成细胞的分子 第1节 细胞中的元素和化合物 第2节 生命活动的主要承担者——蛋白质 第3节 遗传信息的携带者——核酸 第4节 细胞中的糖类和脂质 第5节 细胞中的无机物	第2章 组成细胞的分子 第1节 细胞中的元素和化合物 第2节 细胞中的无机物 第3节 细胞中的糖类和脂质 第4节 蛋白质是生命活动的主要承担者 第5节 核酸是遗传信息的携带者
第3章 细胞的基本结构 第1节 细胞膜——系统的边界 第2节 细胞器——系统内的分工合作 第3节 细胞核——系统的控制中心	第3章 细胞的基本结构 第1节 细胞膜的结构和功能 第2节 细胞器之间的分工合作 第3节 细胞核的结构和功能
第4章 细胞的物质输入和输出 第1节 物质跨膜运输的实例 第2节 **生物膜的流动镶嵌模型** 第3节 物质跨膜运输的方式	第4章 细胞的物质输入和输出 第1节 **被动运输** 第2节 **主动运输与胞吞、胞吐**
第5章 细胞的能量供应和利用 第1节 降低化学反应活化能的酶 一 酶的作用和本质 二 酶的特性 第2节 细胞的能量"通货"——ATP 第3节 ATP的主要来源——细胞呼吸 第4节 能量之源——光和光合作用 一 捕获光能的色素和结构 二 光合作用的原理和应用	第5章 细胞的能量供应和利用 第1节 降低化学反应活化能的酶 一 酶的作用和本质 二 酶的特性 第2节 细胞的能量"货币"ATP 第3节 细胞呼吸的**原理和应用** 第4节 光合作用与**能量转化** 一 捕获光能的色素和结构 二 光合作用的原理和应用

续 表

2004版教材目录	2019版教材对应目录
第6章　细胞的生命历程 第1节　细胞的增殖 第2节　细胞的分化 第3节　细胞的衰老和凋亡 **第4节　细胞的癌变**	第6章　细胞的生命历程 第1节　细胞的增殖 第2节　细胞的分化 第3节　细胞的衰老和死亡
《遗传与进化》 第1章　遗传因子的发现 第1节　孟德尔的豌豆杂交实验（一） 第2节　孟德尔的豌豆杂交实验（二）	《遗传与进化》 第1章　遗传因子的发现 第1节　孟德尔的豌豆杂交实验（一） 第2节　孟德尔的豌豆杂交实验（二）
第2章　基因和染色体的关系 第1节　减数分裂和受精作用 一　减数分裂 二　受精作用 第2节　基因在染色体上 第3节　伴性遗传	第2章　基因和染色体的关系 第1节　减数分裂和受精作用 一　减数分裂 二　受精作用 第2节　基因在染色体上 第3节　伴性遗传
第3章　基因的本质 第1节　DNA是主要的遗传物质 第2节　DNA分子的结构 第3节　DNA的复制 第4节　基因是有遗传效应的DNA片段	第3章　基因的本质 第1节　DNA是主要的遗传物质 第2节　DNA的结构 第3节　DNA的复制 第4节　基因**通常**是有遗传效应的DNA片段
第4章　基因的表达 第1节　基因指导蛋白质的合成 **第2节　基因对性状的控制** **第3节　遗传密码的破译（选学）**	第4章　基因的表达 第1节　基因指导蛋白质的合成 第2节　基因**表达与性状的关系**
第5章　基因突变及其他变异 第1节　基因突变和基因重组 第2节　染色体变异 第3节　人类遗传病	第5章　基因突变及其他变异 第1节　基因突变和基因重组 第2节　染色体变异 第3节　人类遗传病
第6章　从杂交育种到基因工程 **第1节　杂交育种与诱变育种** **第2节　基因工程及其应用**	

2004版教材目录	2019版教材对应目录
第7章 现代生物进化理论 第1节 现代生物进化理论的由来 第2节 现代生物进化理论的主要内容 一 种群基因频率的改变与生物进化 二 隔离与物种的形成 三 共同进化与生物多样性的形成	第6章 生物的进化 **第1节 生物有共同祖先的证据** **第2节 自然选择与适应的形成** **第3节 种群基因组成的变化与物种的形成** 一 种群基因组成的变化 二 隔离在物种形成中的作用 **第4节 协同进化与生物多样性的形成**
《稳态与环境》 第1章 人体的内环境与稳态 第1节 细胞生活的环境 第2节 内环境稳态的**重要性**	《稳态与调节》 第1章 人体的内环境与稳态 第1节 细胞生活的环境 第2节 内环境的稳态
第2章 动物和人体生命活动的调节 第1节 通过神经系统的调节 第2节 通过激素的调节 第3节 神经调节与体液调节的关系 第4节 免疫调节	第2章 **神经调节** 第1节 神经调节的结构基础 第2节 神经调节的基本方式 第3节 神经冲动的产生和传导 第4节 神经系统的分级调节 第5节 人脑的高级功能
	第3章 **体液调节** 第1节 激素与内分泌系统 第2节 激素调节的过程 第3节 体液调节与神经调节的关系
	第4章 免疫调节 第1节 免疫系统的组成和功能 第2节 特异性免疫 第3节 免疫失调 第4节 免疫学的应用
第3章 植物的激素调节 第1节 植物生长素的**发现** 第2节 **生长素的生理作用** 第3节 其他植物激素	第5章 植物生命活动的调节 第1节 植物生长素 第2节 其他植物激素 第3节 **植物生长调节剂的应用** 第4节 **环境因素参与调节植物的生命活动**

续 表

2004版教材目录	2019版教材对应目录
第4章 种群和群落 第1节 种群的特征 第2节 种群数量的变化 第3节 群落的结构 第4节 群落的演替	《生物与环境》第1章 种群及其**动态** 第1节 种群的**数量特征** 第2节 种群数量的变化 第3节 **影响种群数量变化的因素**
	第2章 群落及其演替 第1节 群落的结构 第2节 **群落的主要类型** 第3节 群落的演替
第5章 生态系统及其稳定性 第1节 生态系统的结构 第2节 生态系统的能量流动 第3节 生态系统的物质循环 第4节 生态系统的信息传递 第5节 生态系统的稳定性	第3章 生态系统及其稳定性 第1节 生态系统的结构 第2节 生态系统的能量流动 第3节 生态系统的物质循环 第4节 生态系统的信息传递 第5节 生态系统的稳定性
第6章 生态环境的保护 第1节 人口增长对生态环境的影响 第2节 保护我们共同的家园 《现代生物科技专题》 专题5 生态工程 5.1 生态工程的基本原理 5.2 生态工程的实例和发展前景	第4章 人与环境 第1节 人类活动对生态环境的影响 第2节 **生物多样性及其保护** 第3节 生态工程 一 生态工程的基本原理 二 生态工程的实例和发展前景
《生物技术实践》 专题1 传统发酵技术的应用 课题1 果酒和果醋的制作 课题2 **腐乳的制作** 课题3 制作泡菜并检测亚硝酸盐含量 专题2 微生物的培养与应用 课题1 微生物的实验室培养 课题2 土壤中分解尿素的细菌的分离与计数 课题3 **分解纤维素的微生物的分离**	《生物技术与工程》第1章 发酵工程 第1节 传统发酵技术的应用 第2节 微生物的培养技术及应用 一 微生物的**基本培养技术** 二 微生物的**选择培养**和计数

续 表

2004版教材目录	2019版教材对应目录
《生物科学与社会》 第3章 生物科学与工业 第1节 微生物发酵及其应用 第2节 **酶在工业生产中的应用** 第3节 **生物技术药物与疫苗**	第3节 发酵工程及其应用
《现代生物科技专题》 专题2 细胞工程 2.1 植物细胞工程 2.1.1 植物细胞工程的基本技术 2.1.2 植物细胞工程的**实际**应用 2.2 动物细胞工程 2.2.1 动物细胞培养和核移植技术 2.2.2 动物细胞融合与单克隆抗体 《生物技术实践》 专题3 植物的组织培养技术 课题1 菊花的组织培养 《现代生物科技专题》 专题3 胚胎工程 3.1 体内受精和早期胚胎发育 3.2 体外受精和**早期胚胎培养** 3.3 胚胎工程的应用及**前景**	第2章 细胞工程 第1节 植物细胞工程 一 植物细胞工程的基本技术 二 植物细胞工程的应用 第2节 动物细胞工程 一 动物细胞培养 二 动物细胞融合**技术**与单克隆抗体 三 动物体细胞核移植技术和**克隆动物** 第3节 胚胎工程 一 **胚胎工程的理论基础** 二 胚胎工程技术及其应用
《生物技术实践》 专题5 DNA和蛋白质技术 课题1 DNA的粗提取与鉴定 课题2 多聚酶链式反应扩增DNA片段 课题3 **血红蛋白的提取和分离** 《现代生物科技专题》 专题1 基因工程 1.1 DNA重组技术的基本工具 1.2 基因工程的基本操作程序 1.3 基因工程的应用 1.4 蛋白质工程的崛起	第3章 基因工程 第1节 **重组DNA**技术的基本工具 第2节 基因工程的基本操作程序 第3节 基因工程的应用 第4节 蛋白质工程的原理和应用

续 表

2004版教材目录	2019版教材对应目录
《现代生物科技专题》	第4章　生物技术的安全性与伦理问题
专题4　生物技术的安全性与伦理问题	第1节　转基因**产品**的安全性
4.1　转基因生物的安全性	第2节　关注**殖性克隆人**
4.2　关注生物技术的伦理问题	第3节　禁止生物武器
4.3　禁止生物武器	

注：附件1中的加粗部分为2019版教材中章节标题表述有重要变化之处。

附件2　2019人教版教材对比2004人教版教材
新增和删减的生物学概念及内容统计表

模块	新增概念或内容	删除概念或内容
必修1分子与细胞	第2章：苏丹Ⅲ染液的质量浓度0.01g/mL（P18）；从化学角度介绍水的分子构成和氢键（P20～21）；几丁质（P25）；脂肪的分子式、结构、饱和脂肪酸和不饱和脂肪酸（P26）；磷脂的结构，糖类和脂质的相互转化（P27）；8种必需氨基酸的名称，氨基酸之间的氢键和二硫键（P30）；图示氨基酸形成血红蛋白的多级结构（P31）；以疾病为例说明蛋白质结构与功能的关系（P31）；碳原子的化学性质及共价键（P36） 第3章：对细胞膜成分的探索（1935年丹尼利和戴维森对细胞膜张力的研究）（P42）；内质网由膜围成的管状、泡状或扁平囊状结构连接形成一个连续的内腔相通的膜性管道系统，分为粗面内质网和光面内质网（P48）；溶酶体主要分布在动物细胞中（P49）；用高倍镜观察细胞质的流动实验（P50）；肽链进入内质网加工的大致过程（P52） 第4章：转运蛋白分为载体蛋白和通道蛋白，二者的作用机理和区别（P66～67）；胞吞胞吐需要细胞膜上蛋白质参与，并消耗能量（P71）	组成人体细胞的主要的元素占细胞鲜重和干重的百分比；脂肪检测：向花生匀浆中滴加3滴苏丹Ⅲ染液的方法或苏丹Ⅳ染液；婴儿特有的必需氨基酸；实验：观察DNA和RNA在细胞中的分布；实验：体验制备细胞膜；内质网是脂质合成的"车间"；实验：用高倍镜观察线粒体；研

续　表

模块	新增概念或内容	删除概念或内容
必修1分子与细胞	第5章：1835年施旺发现胃蛋白酶（P76）；我国4000多年前掌握了酿酒技术（P79）；探究淀粉酶对淀粉与蔗糖的水解作用（P81）；ATP中磷酸基团间化学键不稳定的原因（P86）；ATP为主动运输供能的过程，分子磷酸化（P88）；酒精能与酸性重铬酸钾反应（P91）；无氧呼吸的定义，细胞呼吸的中间产物（P94）；光合作用是唯一能够捕获和转化光能的生物学途径，是"地球上最重要的化学反应"（P97）；磨碎绿叶和不能让滤液细线触及层析液的原因（P98~99）；光谱的概念（P98）；恩格尔曼的第二个实验（P101）；探索光合作用原理的实验（1928年科学家发现甲醛不能转化为糖，1937年希尔反应，1954-1957年阿尔农实验）（P102）；光合作用过程（水分解为氧和H^+，H^+与氧化型辅酶Ⅱ结合形成还原型辅酶Ⅱ并储存能量）（P103）；C_3是三碳化合物3-磷酸甘油酸，C_5是五碳化合物核酮糖-1，5-二磷酸（P104）；光合作用的产物一部分是淀粉，一部分是蔗糖（P104）；影响光合作用强度的因素分析（P105）第6章：细胞增殖的概念和作用（P110）；有丝分裂过程不包含分裂间期（P111）；非洲爪蟾的核移植实验（P120）；列举没有分化的细胞也具有全能性，我国科学家2017年获得体细胞克隆猴（P121）；细胞死亡包括凋亡和坏死（P125）；细胞自噬（P126）	究色素存在于细胞的部位（两位法国科学家和德国植物学家萨克斯的表述）；探索光合作用原理的实验（普利斯特利、英格豪斯、梅耶、萨克斯的实验）；细胞的癌变（调整到必修2）
必修2遗传与进化	第1章：介绍单性花（P2）；分离定律的普遍性（P7）；孟德尔成功的原因分析中增加了使用字母符号对逻辑推理的帮助（P12）；孟德尔遗传定律的应用（P13）	类比推理；荧光标记染色体上的基因；交叉遗传的概念；小鼠体内与肥胖有关的HMGIC基因；中心法则的提出和发展相

续 表

模块	新增概念或内容	删除概念或内容
必修 2 遗传与进化	第2章：果蝇作为遗传实验材料的优点（P18）；不良环境会影响生殖细胞的形成（P23）；摩尔根解释的验证（P31）；红绿色盲与交通信号灯（P34）；人类的性别决定，X和Y染色体的区别及电镜照片（P35）；X染色体隐性基因遗传特点总结（P37） 第3章：细菌荚膜的作用（P43）；烟草花叶病毒图（P46）；"加法原理"和"减法原理"（P46）；脱氧核苷酸分子结构式图（P50）；DNA链3 ' 端和5 ' 端的介绍（P50）；半保留复制和全保留复制的示意图（P53）；RNA病毒的基因是有遗传效应的RNA片段（P59） 第4章：转录的概念中增加"通过RNA聚合酶"（P65）；RNA聚合酶具有解旋作用（P65）；以DNA为模板转录RNA的示意图中增加"转录的方向"（P65）；密码子示意图（P66）；密码子表增加终止密码子UGA和起始密码子GUG的注释（P67）；tRNA的结构示意图中增加了"3 ' 、5 ' "（P67）；中心法则的概念、图解，并指出"生命是物质、能量和信息的统一体。"（P69）；"皱粒豌豆形成机制"的图解（P71）；基因的选择性表达与细胞分化（P72）；表观遗传（P73~74） 第5章：血红蛋白分子的部分氨基酸序列对应的mRNA碱基序列图（P81）；结肠癌发生的原因（P82）；中性突变（P83）；染色体变异的概念（P87）；三倍体和四倍体形成的原因（P88）；解释三倍体无子西瓜没有种子的原因（P88）；基因检测的概念和过程（P94~95） 第6章：生物有共同祖先的证据（P100–104）；适应的普遍性和相对性（P106）；运用自然选择学说解释适应的形成（P108）；探究实验：抗生素对细菌的选择作用（P115）；现代生物进化理论的总结（P123）	关科学史；囊性纤维病的病因图解；细胞质基因；致癌因子；染色体组的详细介绍；野生草莓和多倍体草莓的对比图；改良苯酚品红染液；苯丙酮尿症的病因和症状；21三体综合征的形成机制；人类基因组计划与人类健康；从杂交育种到基因工程一章

模块	新增概念或内容	删除概念或内容
选择性必修1稳态与调节	第2章：神经系统的基本结构（中枢神经系统、外周神经系统、神经、自主神经系统、交感神经、副交感神经），组成神经系统的细胞（神经元、神经胶质细胞）（P16～20）；非条件反射、条件反射（P24～25）；神经元与肌肉细胞或某些腺体细胞之间通过突触联系（P29）；神经系统对躯体运动分级调节（P33～34）；情绪（P39） 第3章：激素研究的实例（胰岛素的发现，睾丸分泌雄激素的研究）（P46～47）；促性腺激素释放激素、促肾上腺皮质激素释放激素、促性腺激素、促肾上腺皮质激素、醛固酮、皮质醇及作用（P48）；甲状腺激素、肾上腺素和性激素的作用（P48）；血糖平衡受神经系统的调节（P52）；分级调节的概念（P53）；激素调节特点之"作为信使传递信息"（P54）；渗透压调节（P60），醛固酮在水盐调节中的作用（P60～61） 第4章：人体各免疫器官的介绍（P67）；抗原呈递细胞、树突状细胞、巨噬细胞、辅助性T细胞（P68）；神经系统、内分泌系统与免疫系统的相互调节（P74）；过敏反应发生机理（P78）；风湿性心脏病（P78）；免疫缺陷病概念，先天性免疫缺陷病（P79）；疫苗概念（P82）；器官移植概念（P83）；组织相容性抗原（P84） 第5章：生长素的作用机理（P93）；赤霉素作用新增促进细胞分裂与分化、促进开花，细胞分裂素作用新增促进芽的分化、侧枝发育、叶绿素合成，乙烯作用新增促进开花、促进叶、花、果实脱落，脱落酸作用新增促进气孔关闭、维持种子休眠（P97）；植物激素间的相互作用（P98～99）；植物生长调节剂的类型（P100）；光、温度、重力对植物生长发育的调节（光敏色素、春化作用、淀粉—平衡石假说）（105～108）；植物生长发育的整体调控（108）	胸腺；建立血糖调节的模型；生长素的两重性；生长素类似物可用于防止果实和叶片的脱落、促进结实、获得无子果实、促使扦插枝条的生根等

续 表

模块	新增概念或内容	删除概念或内容
选择性必修2生物与环境	第1章：影响种群数量变化的因素（郁闭度、非生物因素、生物因素、密度制约因素、非密度制约因素）（P13～16） 第2章：原始合作（互惠）（P24），决定陆生群落植物地上分层和地下分层的环境因素（P26），群落的季节性（P27），生态位（P27），群落的主要类型（P33～37），初生演替和次生演替除起点外的其他区别（P41），影响群落演替的因素（P41） 第3章：生态金字塔（P57），生物量金字塔（P57），能量金字塔（P57），生物富集（P63），信息流（P68），信息传递过程（信息源、信道、信息受体）（P69），生态平衡（P73） 第4章：生态足迹（生态占用）（P82），臭氧层空洞（P86），青贮（P105），氨化（P105）	种群的空间特征；小流域综合治理生态工程；大区域生态系统恢复工程；城市环境生态工程；"生物圈2号"生态工程的实验及启示
选择性必修3生物技术与工程	第1章：科技发展之路——从传统发酵技术到发酵工程（P2～3）；发酵、传统发酵技术的概念（P5）；微生物的纯培养、培养物、纯培养物的概念（P11）；酵母菌的纯培养（P12～13）；显微镜直接计数法的简介（P18） 第2章：科技发展之路——细胞工程的发展历程（P32～33）；诱导原生质体融合的方法：新增高Ca^{2+}—高pH融合法（P37）；初生代谢和次生代谢，植物细胞培养，紫草宁（P41）；培养液的概念，动物细胞培养需要渗透压，体外培养的动物细胞的分类（P44）；干细胞培养及其应用（iPS细胞）（P46～47）；抗体—药物偶联物（ADC）的作用（P50）；MII期卵母细胞中的"核"其实是纺锤体—染色体复合物（P52）；重构胚（P53）；小字部分提到中胚层（P58）	腐乳的制作过程、制作原理中删除脂肪酶的作用；亚硝酸盐及含量测定；菌种保藏；制备牛肉膏蛋白胨培养基；纯化大肠杆菌；菌落的特征示意图；分离分解纤维素的微生物；人工种子；杂交细胞；显微操作中的"用微型吸管一并吸出细胞核与第一极体"；精子和卵

续 表

模块	新增概念或内容	删除概念或内容
选择性必修3生物技术与工程	第3章：引物的具体定义，镁离子在PCR中的作用（P77）；人工构建诱导型启动子（P80）；实验"DNA片段的扩增及电泳鉴定"（P84～85）；基因工程在食品工业方面的应用（P91） 第4章：我国禁止生殖性克隆人（P107～108）；警惕用新技术研究生殖性克隆人（P108）	子的发生；小字介绍张明觉；顶体反应；精子穿越放射冠；防止多精入卵的屏障；卵母细胞和精子的采集；冲卵；胚胎的早期培养；基因枪法；转基因生物与生物安全；转基因生物与环境安全；基因"身份证"

注：附件2中的"PX"表示2019版教材相应模块第X页。

附件3　2019人教版教材对比2004人教版教材
正文相同概念及内容的细节变化比较表

模块	概念或内容	2004版教材的表述	2019版教材的表述
必修1分子与细胞	细胞学说	新细胞可以从老细胞中产生	新细胞是由老细胞分裂产生的（P3）
	蓝细菌	蓝藻（也称蓝细菌）	蓝细菌（旧称蓝藻）（P10）
	细胞中水相对含量	85%~90%	70%~90%（P17）
	氨基酸种类	20种	21种（P29）
	肽键	—CO—NH—	—CO—NH—中CN之间的化学键（P30）

续 表

模块	概念或内容	2004版教材的表述	2019版教材的表述
必修1分子与细胞	病毒	HIV、SARS病毒	HIV（人类免疫缺陷病毒）、SARS（严重急性呼吸综合征）病毒（P35）
	细胞膜	细胞膜	细胞膜，也叫质膜（P40）
	糖被	糖蛋白叫作糖被	糖蛋白和糖脂叫作糖被（P45）
	自由扩散	自由扩散	自由扩散，也叫简单扩散（P66）
	协助扩散	进出细胞的物质借助载体蛋白的扩散	借助膜上的转运蛋白进出细胞的物质扩散方式，叫作协助扩散，也叫易化扩散（P66）
	水分子跨膜运输方式	水分子通过自由扩散进出细胞	水分子有两种运输方式，更多的是借助细胞膜上的水通道蛋白以协助扩散方式进出细胞（P67）
	ATP的功能	细胞的能量"通货"ATP	细胞的能量"货币"ATP（P86）
	ATP的名称	三磷酸腺苷	腺苷三磷酸（P86）
	ADP的名称	二磷酸腺苷	腺苷二磷酸（P86）
	检测CO_2的试剂	溴麝香草酚蓝水溶液	溴麝香草酚蓝溶液（P91）
	暗反应	暗反应	暗反应，也称为碳反应（P103）
	染色体结构	着丝点	着丝粒（P112）
	DNA染液	龙胆紫溶液	甲紫溶液，旧称龙胆紫溶液（P116）
	观察有丝分裂实验	制片时需要在盖玻片上再加载玻片	制片时不需要在盖玻片上再加载玻片（P116）
	细胞分化的原因	在个体发育过程中，不同的细胞中遗传信息的执行情况是不同的	这是细胞中的基因选择性表达的结果，即在个体发育过程中，不同种类的细胞中遗传信息的表达情况不同（P119）

续 表

模块	概念或内容	2004版教材的表述	2019版教材的表述
必修 1 分子与细胞	细胞全能性	已分化细胞仍具有发育成完整个体的潜能	细胞经分裂和分化后，仍具有产生完整有机体或分化成其他各种细胞的潜能和特性（P121）
	端粒	端粒是DNA	端粒是ＤＮＡ—蛋白质复合体（P124）
	其他变更：胞吞胞吐（P70～71），细胞衰老的原因（P124）的内容由2004版教材的楷体小字改为了新版教材的正文；实验"探究细胞大小与物质运输的关系"，在新版教材中简化为"思维训练：运用模型作解释"（P115）等		
必修 2 遗传与进化	表型	表现型	表型，也叫表现型（P13）
	减数分裂	减数第一次分裂，减数第二次分裂	减数分裂I（也叫减数第一次分裂），减数分裂Ⅱ（也叫减数第二次分裂）（P19）
	染色体复制的时间	减数第一次分裂前的间期	减数分裂前的间期（P20）
	肺炎链球菌	肺炎双球菌	肺炎链球菌（P43）
	S型细菌	有毒性	有致病性（P43）
	DNA复制	DNA分子复制的过程	DNA复制的过程（P55）
	基因的概念	基因是有遗传效应的DNA片段	基因通常是有遗传效应的DNA片段（P59）
	基因表达产物与性状的关系	基因、蛋白质与性状的关系	基因表达产物与性状的关系（P71）
	镰状细胞贫血	镰刀型细胞贫血症	镰状细胞贫血（P80）
	基因突变概念	碱基对的替换、增添或缺失	碱基的替换、增添或缺失（P81）

续 表

模块	概念或内容	2004版教材的表述	2019版教材的表述
必修2遗传与进化	细胞癌变原因	原癌基因和抑癌基因发生突变，导致正常细胞的生长和分裂失控而变成癌细胞	原癌基因突变或过量表达而导致相应的蛋白质（细胞正常生长和增殖所必需）活性过强，就可能引发细胞癌变；相反，抑癌基因突变而导致相应蛋白质（抑制细胞的生长和增殖，或促进细胞凋亡）活性减弱或失去活性，也可能引起细胞癌变（P82）
	二倍体	由受精卵发育而来，体细胞中含有两个染色体组的个体	体细胞中含有两个染色体组的个体。（P87）
	单倍体	体细胞中含有本物种配子染色体数目的个体	体细胞中的染色体数目与本物种配子染色体数目相同的个体。（P88）
	单基因遗传病种类	6500多种	8000多种（P92）
	多基因遗传病概念	受两对以上的等位基因控制	受两对或两对以上等位基因控制（P92）
	染色体病种类	100多种	500多种（P93）
	唐氏综合征	先天性愚型	唐氏综合征（P93）
	协同进化	共同进化	协同进化（P119）
	遗传多样性	基因多样性	遗传多样性（基因多样性）（P121）
	其他变更："DNA半保留复制的实验证据"由选学内容改为必学内容（P53-55），"基因突变的特点"由正文内容改为楷体小字，且内容简化（P83）；基因治疗由2004版教材选修3基因工程应用调整至本模块（P95）；内容变化较大的知识点有：道尔顿与色盲的介绍（P34），艾弗里的实验过程（P44），低温诱导洋葱染色体数目加倍的实验步骤（P89），染色体结构变异示意图（P90）等		

续 表

模块	概念或内容	2004版教材的表述	2019版教材的表述
选择性必修1稳态与调节	组织液	组织液又叫细胞间隙液	组织间隙液（P3）
	淋巴液	淋巴	淋巴液（P3）
	淋巴与血浆的关系	淋巴经过淋巴循环由左右锁骨下静脉汇入血浆中	淋巴液经过淋巴结等淋巴器官，并最终汇入血浆（P3）
	激素名称	雌性激素	雌激素（P48）
	激素名称	雄性激素	雄激素（主要是睾酮）（P48）
	甘油三酯	脂肪	甘油三酯（P50）
	正常血糖值	血糖（0.8–1.2 g/L）	血糖（3.9–6.1 mmol/L）（P50）
	激素的关系	激素拮抗作用	激素效应相抗衡（P55）
	组胺	组织胺	组胺（P57）
	热觉感受器	温觉感受器	热觉感受器（P58）
	细胞因子	淋巴因子	细胞因子（如白细胞介素、干扰素、肿瘤坏死因子）（P67）
	免疫系统的功能	（免疫）防卫，（免疫）清除，（免疫）监控	免疫防御，免疫自稳，免疫监视（P69）
	细胞毒性T细胞	效应T细胞	细胞毒性T细胞（P73）
	HIV侵染的细胞	T细胞	辅助性T细胞（P79）
	生长素的作用	表现出两重性：既能促进生长，也能抑制生长；既能促进发芽，也能抑制发芽；既能防止落花落果，也能疏花疏果	生长素在浓度较低时促进生长，在浓度过高时则会抑制生长（P94）
	植物激素	油菜素（甾体类化合物）	油菜素内酯，第六类植物激素（P97）
	其他变更："拒绝毒品"的内容调整为正文内容，并新增了"滥用兴奋剂"的内容（P30）；删除了"慎用心理药物"的提法，新增了"情绪"的内容（P39）；内容变化较大的知识点有：体液免疫基本过程（P72），细胞免疫基本过程（P73）等		

续 表

模块	概念或内容	2004版教材的表述	2019版教材的表述
选择性必修2生物与环境	种群数量调查方法	标志重捕法	标记重捕法（P3）
	种群特征	年龄组成	年龄结构（P4）
	种群的"J"形增长	种群增长的"J"型曲线	种群的"J"形增长（P8）
	"J"形增长模型	没有敌害	没有天敌和其他竞争物种（P9）
	种群的"S"形增长	种群增长的"S"型曲线	种群的"S"形增长（P9）
	环境容纳量	在环境条件不受破坏的情况下，一定空间中所能维持的种群最大数量	一定的环境条件所能维持的种群最大数量（P9）
	群落特征	丰富度	物种丰富度（P23）
	种间关系	竞争	种间竞争（P24）
	寄生	一种生物（寄生者）寄居于另一种生物（寄主）的体内或体表，摄取寄主的养分以维持生活	一种生物从另一种生物（宿主）的体液、组织或已消化的物质中获取营养并通常对宿主产生危害的现象（P24）
	种间竞争	两种或两种以上生物相互争夺资源和空间等。竞争的结果常表现为相互抑制，有时表现为一方占优势，另一方处于劣势甚至死亡	两种或更多种生物共同利用同样的有限资源和空间而产生的相互排斥的现象（P24）
	群落次生演替	森林阶段	乔木阶段（P39）
	非生物环境	无机环境	非生物环境（P48）

续 表

模块	概念或内容	2004版教材的表述	2019版教材的表述
选择性必修2生物与环境	能量金字塔	将单位时间内各个营养级所得到的能量数值，由低到高绘制成图，可形成一个金字塔图形	将单位时间内各营养级所得到的能量数值转换成相应面积（或体积）的图形，并将图形按照营养级的次序排列，可形成一个金字塔图形（P57）
	生态系统的稳定性	生态系统所具有的保持或恢复自身结构和功能相对稳定的能力	生态系统维持或恢复自身结构和功能处于相对平衡状态的能力（P74）
	生态工程基本原理	物质循环再生、物种多样性、协调与平衡、整体性、系统学和工程学原理	自生、循环、协调、整体（P99~101）
选择性必修3生物技术与工程	泡菜制作盐水配制	制作泡菜盐水浓度：清水与盐的质量比4∶1	清水和食盐配制质量分数为5%~20%的盐水（P6）
	酿酒酵母的最适生长温度	20℃左右	约为28℃（P6）
	果酒制作发酵温度	18~25℃	18~30℃（P7）
	果酒发酵反应简式	$C_6H_{12}O_6 \rightarrow 2C_2H_5OH+CO_2$	增加了酶、能量，并配平（P6）
	果醋发酵反应简式	$C_2H_5OH+O_2 \rightarrow CH_3COOH+H_2O$	增加了酶、能量、糖源充足的反应式，配平，醋酸→乙酸（P7）
	菌落	微生物在固体培养基表面生长，可形成肉眼可见的菌落	微生物在琼脂固体培养基表面或内部生长，可以形成肉眼可见的菌落（P9）
	牛肉膏蛋白胨培养基中水提供的主要营养	氢元素、氧元素	水（P10）

续 表

模块	概念或内容	2004版教材的表述	2019版教材的表述
选择性必修3生物技术与工程	消毒和灭菌工作主要包括	四个方面	两个方面（P10）
	巴氏消毒法	70～75℃煮30 min或在80℃煮15 min	62～65℃消毒30 min或72～76℃处理15 s或80～85℃处理10～15 s（P11）
	灭菌方法	高压蒸汽灭菌	湿热灭菌：这是一种利用沸水、流通蒸汽或高压蒸汽进行灭菌的方法（P11）
	制备培养基步骤	计算、称量、溶化、灭菌、倒平板	配制培养基、灭菌、倒平板（P12）
	倒平板操作中将培养基倒入培养皿图	在操作台上进行	在酒精灯火焰充分燃烧层旁操作
	平板划线操作	将已冷却的接种环伸入菌液中，沾取一环菌液	在火焰附近用接种环蘸取一环菌液
		注意不要将最后一区的划线与第一区相连	注意不要将最后一次的划线与第一次的划线相连（P13）
	植物组织培养概念	诱导其产生愈伤组织、丛芽，最终形成完整的植株	诱导其形成完整的植株（P35）
	诱导原生质体融合的方法	物理法包括离心、振动、电激；化学法一般用聚乙二醇（PEG）作为诱导剂	物理法包括电融合法、离心法等；化学法包括聚乙二醇（PEG）融合法、高Ca^{2+}—高pH融合法（P37）
	动物细胞培养的条件	温度和pH	温度、pH和渗透压（P44）

续 表

模块	概念或内容	2004版教材的表述	2019版教材的表述
选择性必修3生物技术与工程	胚胎干细胞	简称ES或EK细胞，是由早期胚胎或原始性腺中分离出来的一类细胞。具有发育的全能性，即可以分化为成年动物体内的任何一种组织细胞	简称ES细胞，存在于早期胚胎中，具有分化为成年动物体内的任何一种类型的细胞，并进一步形成机体的所有组织和器官甚至个体的潜能（P46）
	胚胎发育	桑椹胚	桑葚胚（P58）
	限制酶	限制性核酸内切酶	限制性内切核酸酶（P71）
	限制酶的作用	能够识别双链DNA分子的某种特定核苷酸序列，并且使每一条链中特定部位的两个核苷酸之间的磷酸二酯键断开	能够识别双链DNA分子的特定核苷酸序列，并且使每一条链中特定部位的磷酸二酯键断开（P71）
	T4噬菌体	T$_4$噬菌体	T4噬菌体（P72）
	质粒	是一种裸露的、结构简单、独立于细菌拟核DNA之外，并具有自我复制能力的很小的双链环状DNA分子	是一种裸露的、结构简单、独立于真核细胞细胞核或原核细胞拟核DNA之外，并具有自我复制能力的环状双链DNA分子（P72）
	基因工程载体	λ噬菌体的衍生物	噬菌体（P73）
	蛋白质工程	通过基因修饰或基因合成	通过改造或合成基因（P93）
	其他变更：精简发酵的方法步骤，如泡菜坛的选择（P6）；稀释涂布平板法操作中将系列稀释操作和涂布平板操作合并，并进行步骤优化（P17）；探究实验"菊花的组织培养"在融合2004版教材选修1及选修3中植物组织培养的相关内容基础上进行增减（P35～37）；更新了动物细胞培养过程的部分内容（如体外培养的细胞分为两类，P44～45）；优化了制备单克隆抗体过程（P48～49）；简化了胚胎		

第❶章
高中生物学教材研究

续 表

模块	概念或内容	2004版教材的表述	2019版教材的表述
选择性必修3生物技术与工程			移植过程（P61）；胚胎移植的生理学基础由正文改为"思考·讨论"（P62）；更新了"科技发展之路——基因工程的诞生和发展"（P68~69）；模拟制作"重组DNA分子的模拟操作"简化为"思考·讨论：重组DNA"（P73）；实验"DNA的粗提取与鉴定"中实验材料由鸡血细胞变更为洋葱，粗提取步骤也进行了相应的调整（P74）；"花粉管通道法"由"资料卡"调整为正文（该方法是我国科学家独创的方法，P81）；"农杆菌转化法"由正文调整为"资料卡"（P81）；将目的基因导入动物细胞和微生物细胞的方法进行简化；目的基因的检测与鉴定方法进行了简化；"从基因文库中获取目的基因"整个部分简化为一句话"在获得转基因产品发过程中，还可以通过构建基因文库来获取目的基因"（P82）；基因治疗内容调整到必修2第5章第3节人类遗传病；蛋白质工程的应用变动较大

注：附件3中的"PX"表示2019版教材相应模块第X页。

附件4　2019人教版教材各模块栏目的种类和数量统计表

栏目位置	栏目类型	分子与细胞	遗传与进化	稳态与调节	生物与环境	生物技术与工程	合计（个）
正文穿插（10个）	问题探讨	19	18	18	14	0	69
	从社会中来	0	0	0	0	13	13
	思考·讨论	22	26	23	25	13	109
	探究·实践	12	8	2	8	6	36
	与社会的联系	10	6	4	3	0	23
	思维训练	3	4	3	5	2	17
	科学方法	7	2	1	3	0	13

续 表

栏目位置	栏目类型	分子与细胞	遗传与进化	稳态与调节	生物与环境	生物技术与工程	合计（个）
正文穿插（10个）	到社会中去	0	0	0	0	13	13
	资料卡	0	0	0	0	6	6
	辩论会	0	0	0	0	1	1
旁栏穿插（8个）	本节聚焦	21	20	18	15	18	92
	相关信息	13	16	22	9	21	81
	？	14	11	16	18	12	71
	知识链接	9	3	7	2	2	23
	学科交叉	5	1	1	2	1	10
	批判性思维	1	3	0	1	0	5
	想象空间	2	1	0	1	0	4
	异想天开	0	0	0	0	2	2
文后穿插（11个）	练习与应用	21	20	18	15	18	92
	本章小结	6	6	5	4	4	25
	复习与提高	6	6	5	4	4	25
	课外实践	0	0	2	2	1	5
	课外制作	1	0	0	0	0	1
	科学·技术·社会	2	5	5	5	0	17
	与生物学有关的职业	1	4	2	3	2	12
	生物科技进展	3	3	4	2	0	12
	生物科学史话	2	1	1	0	0	4
	科学家的故事	0	1	0	1	0	2
	拓展视野	0	0	0	0	2	2

附件5   2019人教版教材与2004人教版教材

主要栏目的比较情况表

栏目名称	设计意图	2019版教材栏目的具体内容和教材位置	变化情况
科学方法13个	介绍各种科学研究方法，并加以提炼和概括	必修1：①归纳法（P5），②**提出假说**（P44），③**分离细胞器的方法——差速离心法**（P47），④**同位素标记法**（P51），⑤**建构模型**（P57），⑥**控制变量和设计对照实验**（P78），⑦**对比实验**（P92） 必修2：①**假说—演绎法**（P7），②自变量控制中的"加法原理"和"减法原理"（P46） 选择性必修1：①**预实验**（P102） 选择性必修2：①**建立数学模型**（P7），②**视角决定问题——以群落和种群研究为例**（P22），③**研究能量流动的基本思路**（P54）	删除：类比推理（2P28） 保留：左栏加粗内容 调整：样方法和标记重捕法改为正文
思维训练17个	引导学生回答背景材料相关问题时运用思考技能，领悟和实践科学方法，训练科学思维	必修1：①运用证据和逻辑评价论点（P96），②运用模型作解释（P115），③**分析数据**（P127） 必修2：①**设计实验方案**（P8），②**综合概括**（P27），③**提出假说**（P75），④**分析相关性**（P84） 选择性必修1：①推断假说与预期（P31），②**验证假说，预测结果**（P49），③**评价实验设计和结论**（P95）	更名：原"技能训练"栏目 删除：设计实验（1P36），解释数据（1P56），解读图表（1P73），解释现象（1P114），识图和作图（2P25），类比推理（2P30），分析图解（2P122），构建人体细胞与外界

续 表

栏目名称	设计意图	2019版教材栏目的具体内容和教材位置	变化情况
思维训练 17个		选择性选修2：①分析循环因果关系（P17），②溯因推理（P29），③分析和处理数据（P59），④辨别"偷换概念"（P88），⑤总结概括，并运用术语表达（P109） 选择性选修3：①评估论点的可信程度（P14），②评估获取证据的难度（P105）	环境的物质交换模型（3P6） 保留：左栏加粗内容
生物科学史话 4个	介绍科学家的研究过程、方法和成果，进行科学素养教育	必修1：①**世界上第一个人工合成蛋白质的诞生**（P33），②人类对通道蛋白的探索历程（P68） 必修2：遗传密码的破译（P70） 选择性选修1：生物电的发现（P32）	删除：稳态概念的提出和发展（3P11） 保留：左栏加粗内容
科学家的故事 2个		必修2：**染色体遗传理论的奠基人摩尔根**（P33） 选择性必修2：**生态巨匠马世骏**（P12）	删除：细胞世界探微三例（1P51） 保留：左栏加粗内容
生物科学进展 12个	介绍生物科学的前沿领域，拓展视野	必修1：①人工合成生命的探索（P12），②**世界上首例体细胞克隆猴的诞生**（P58），③秀丽隐杆线虫与细胞凋亡研究（P127） 必修2：①**生物信息学**及其应用（P47），②单细胞基因组测序（P60），③基因组编辑（P85） 选择性必修1：①脑细胞真的是死一个少一个吗（P21），②中国脑计划（P36），③免疫系统的新发现（P70），④癌症的免疫疗法（P76）	更名：原"科学前沿"栏目 保留：左栏加粗内容 调整：①"授予诺贝尔化学奖的通道蛋白研究"（1P74）改为"生物科学史话"栏目内容；②"国际人类蛋白质组计划"（1P25）改为选择性必修3第3章第4节"？"栏目内容

续 表

栏目名称	设计意图	2019版教材栏目的具体内容和教材位置	变化情况
生物科学进展12个		选择性必修2：①调查种群数量的其他方法（P6），②定量评估我国陆地生态系统的固氮效应（P110）	
科学·技术·社会17个	反映科学、技术和社会的互动，体现科学和技术的价值	必修1：①**酶为生活添姿彩**（P85），②骨髓移植和中华骨髓库（P122）必修2：①人类辅助生殖技术（P28），②**DNA指纹技术**（P52），③基因工程的应用（P76），④精准医疗（P86），⑤理想的"地质时钟"（P105）选择性必修1：①脑机接口让工具真正实现"随心所欲"（P40），②**评价应用激素类药物的利与弊**（P56），③流行性感冒及其预防（P76），④**HIV与艾滋病**（P81），⑤调控花期创造美好生活（P109）选择性必修2：①**立体农业**（P32），②黄石公园灭狼与引狼入院的启示（P53），③塞罕坝今昔（89），④**关注生态伦理道德**（P97），⑤前景广阔的沼气工程（P111）	删除：生态农业（3P99），恢复生态学及其应用（3P113）保留：左栏加粗内容调整：①"基因治疗"（2P94）改为必2第5章正文小字内容；②"拒绝毒品，慎用心理药物"（3P34）改为选择性必修1第2章第3节正文内容
与生物有关的职业12个	体现生物学与职业的联系，培育学生的职业意识和敬业精神	必修1：病理科医师（P128）必修2：**育种工作者**（P14），测序工程师（P60），遗传咨询师（P96），**化石标本的制作人员**（P105）选择性必修1：影像技师（P26），疫苗制品工（P86）	删除：医院里的检验师，生物技术产业的研发人员，神经外科医生保留：左栏加粗内容

续　表

栏目名称	设计意图	2019版教材栏目的具体内容和教材位置	变化情况
与生物有关的职业12个		选择性必修2：**植保员**（P18），**林业工程师**（P37），**景观设计师**（P67） 选择性必修3：发酵工程制药工（P21），细胞培养工程师（P51）	

注：

1. 表格中第3列中"（PX）"表示2019版教材相应模块第X页，第4列中"（1PY）"表示2004版教材必修1第Y页，"（选3PY）"表示2004版教材选修3第Y页，以此类推。

2. 表格中第3列"2019版教材栏目的具体内容和教材位置"中的字体加粗部分，代表两版教材中的相同内容。

附件6　2019人教版选择性必修3教材与2004人教版教材主要栏目的比较情况表

栏目名称	设计意图	2019版教材栏目的具体内容和教材位置	变化情况
拓展视野	拓宽学生的思路和眼界	选择性必修3：①微生物菌种的高通量筛选（P15），②**历史不能忘记中国科学家对PCR的贡献**（P86）	删除：神奇的基因芯片（选3P24）；核移植技术发展简史（选3P51）；多利羊猜想（选3P55）；话说哺乳动物的性别控制（选3P82）；是研究合作，还是基因资源掠夺（选3P101） 保留：左栏加粗内容

续 表

栏目名称	设计意图	2019版教材栏目的具体内容和教材位置	变化情况
拓展视野			调整：①植物生长调节剂在组织培养中的神奇作用（选3P42）部分内容整合到选择性必修1第5章第3节；②前景广阔的沼气工程（选3P114）改到"科学·技术·社会"栏目
资料卡	扩充正文内容，帮助学生理解相关概念	选择性必修3：①常用的消毒和灭菌的方法（P11），②胚胎分割的发展简史（P63），③**限制酶名字的由来**（P72），④**农杆菌转化法**（P81），⑤**干扰素**（P90），⑥**农业转基因生物的标识管理**（P104）	删除：基因枪法（选3P12），用DNA重组技术生产的人类蛋白药物种类（选3P22），用于基因治疗的基因种类（选3P24），收集精子的其他方法——手握法和电刺激法（选3P71） 保留：左栏加粗内容 调整：①"基因文库的构建（选3P10）"在正文中简单提及；②"花粉管通道法"改为正文；③"可用于转基因植物的抗虫基因（选3P18）"部分内容改到"相关信息"栏目（选必3P77）
异想天开		选择性必修3：①老牛吃点微生物菌体……（P27），②**根据人类蛋白质设计基因……**（P95）	调整：①"发光树能做路灯吗？（选3P20）"改到必修1第5章第2节正文小字部分

注：

1. 表格中第3列中"（PX）"表示2019版教材相应模块第X页，第4列中"（1PY）"表示2004版教材必修1第Y页，"（选3PY）"表示2004版教材选修3第Y页，以此类推。

2. 表格中第3列"2019版教材栏目的具体内容和教材位置"中的字体加粗部分，代表两版教材中的相同内容。

附件7 **2019人教版教材与新课标和2004人教版教材学生活动类栏目的比较情况表**

模块	序号	新课标	2019版教材	2004版教材
分子与细胞	1	使用光学显微镜观察各种细胞，可结合电镜照片分析细胞的亚显微结构	使用高倍显微镜观察几种细胞（P9）	使用高倍镜观察几种细胞（1P7）
	2	检测生物组织中的还原糖、脂肪和蛋白质	检测生物组织中的糖类、脂肪和蛋白质（P18）	检测生物组织中的糖类、脂肪和蛋白质（1P18）
	3		课外制作：利用废旧物品制作生物膜模型（P46）	课外制作：利用废旧物品制作生物膜模型（1P69）
	4	观察叶绿体和细胞质流动	用高倍显微镜观察叶绿体和**细胞质的流动**（P50）	用高倍显微镜观察叶绿体和**线粒体**（1P47）
	5	尝试制作真核细胞的结构模型	尝试制作真核细胞的三维结构模型（P57）	模型建构：尝试制作真核细胞的三维结构模型（1P54）
	6	观察植物细胞的质壁分离和复原	探究植物细胞的吸水和失水（P64）	探究：植物细胞的吸水和失水（1P61）
	7	探究酶催化的专一性、高效性及影响酶活性的因素	比较过氧化氢在不同条件下的分解（P77）	比较过氧化氢在不同条件下的分解（1P78）
	8		**淀粉酶对淀粉和蔗糖的水解作用**（P81）	
	9		影响酶活性的条件（P82）	探究：影响酶活性的条件（1P83）

续 表

模块	序号	新课标	2019版教材	2004版教材
分子与细胞	10	探究酵母菌的呼吸方式	探究酵母菌细胞呼吸的方式（P90）	探究酵母菌细胞呼吸的方式（1P91）
	11	提取和分离叶绿体色素	绿叶中色素的提取和分离（P98）	绿叶中色素的提取和分离（1P97）
	12	探究不同环境因素对光合作用的影响	探究环境因素对光合作用强度的影响（P105）	探究：环境因素对光合作用强度的影响（1P104）
	13	制作和观察根尖细胞有丝分裂简易装片，或观察其永久装片	观察根尖分生区组织细胞的有丝分裂（P116）	观察根尖分生组织细胞的有丝分裂（1P115）

其他变化：
删除：①观察DNA和RNA在细胞中的分布（1P26）；②体验制备细胞膜的方法（1P40）
调整：①细胞大小与物质运输的关系（1P110）→思维训练：运用模型作解释（P115）

模块	序号	新课标	2019版教材	2004版教材
遗传与进化	1	模拟植物或动物性状分离的杂交实验	性状分离比的模拟实验（P6）	性状分离比的模拟（2P6）
	2		观察蝗虫精母细胞减数分裂装片（P24）	观察蝗虫精母细胞减数分裂固定装片（2P21）
	3	运用模型、装片或视频观察模拟减数分裂过程中染色体的变化	建立减数分裂中染色体变化的模型（P25）	模型建构：建立减数分裂中染色体变化的模型（2P23）
	4	制作DNA分子双螺旋结构模型	制作DNA双螺旋结构模型（P51）	模型建构：制作DNA双螺旋结构模型（2P50）
	5		低温诱导植物细胞染色体数目的变化（P89）	低温诱导植物染色体数目的变化（2P88）

续 表

模块	序号	新课标	2019版教材	2004版教材
遗传与进化	6	调查常见的人类遗传病并探讨其预防措施	调查人群中的遗传病（P93）	调查人群中的遗传病（2P91）
	7	用数学方法讨论自然选择使种群的基因频率发生变化	探究自然选择对种群基因频率变化的影响（P112）	探究：自然选择对种群基因频率变化的影响（2P116）
	8	探讨耐药菌的出现与抗生素滥用的关系	**探究抗生素对细菌的选择作用**（P115）	

其他变化：

删除：①课外实践：调查转基因食品的发展现状（2P107）

调整：①脱氧核苷酸序列与遗传信息的多样性（2P57）→思考与讨论：分析脱氧核苷酸序列与遗传信息的多样性（P58）

模块	序号	新课标	2019版教材	2004版教材
稳态与调节	1	比较清水、缓冲液、体液对pH变化的调节作用	模拟生物体维持pH的稳定（P7）	生物体维持pH稳定的机制（3P9）
	2		课外实践：调查体温的日变化规律（P12）	调查：体温的日变化规律（3P7）
	3	探究植物生长调节剂对扦插枝条生根的作用	探索植物生长调节剂的应用：探索生长素类调节剂促进插条生根的最适浓度（P103）；**尝试利用乙烯利催熟水果**（P104）	探究：探索生长素类**似物**促进插条生根的最适浓度（3P51）
		探究乙烯利对水果的催熟作用		
			课外实践：设计实验，验证植物根向地性的感受部位在根冠（P18）	

其他变化：

删除：①建立血糖调节的模型（3P26）

续 表

模块	序号	新课标	2019版教材	2004版教材
生物与环境	1		调查草地中某种双子叶植物的种群密度（P5）	探究：用样方法调查草地中某种双子叶植物的种群密度（3P61）
	2	探究培养液中某种酵母种群数量的动态变化	培养液中酵母菌种群数量的变化（P11）	探究：培养液中酵母菌种群数量的变化（3P68）
	3	研究土壤中动物类群的丰富度	研究土壤中小动物类群的丰富度（P30）	探究：土壤中小动物类群丰富度的研究（3P75）
	4	调查或探讨一个校园、公园、农田、森林、湿地或池塘生态系统中的能量流动	调查当地某生态系统中的能量流动情况（P59）	调查：调查当地农田生态系统中的能量流动情况（3P97）
	5		探究土壤微生物的分解作用（P65）	探究：土壤微生物的分解作用（3P102）
	6		课外实践：验证昆虫之间是否存在化学信息的传递（P72）	课外实践：设计实验，证明雌蛾能分泌性外激素吸引雄蛾前来交尾（3P108）
	7	设计并制作生态瓶，观察和比较不同生态瓶中生态系统的稳定性，撰写报告分析其原因	设计制作生态缸，观察其稳定性（P78）	制作：设计并制作生态缸，观察其稳定性（3P112）
	8	调查当地环境中存在的主要问题，提出保护建议或行动计划	调查当地的环境状况，提出保护环境的建议或行动计划（P87）	

模块	序号	新课标	2019版教材	2004版教材
生物与环境	9	搜集生物多样性保护的实例，讨论当地生态系统是否已经出现严重的生物多样性下降的趋势及其对人类的影响	搜集保护生物多样性的实例（P94）	课外实践：搜集**我国利用生物技术**保护生物多样性的资料（3P128）
	10	组织学生（或学习小组）参观了解人工生态系统的组成及其中蕴含的生态学原理和经济学原理	**课外实践：参观庭院生态系统或生态园**（P108）	
		其他变化： 删除：①实践活动：调查沼气工程的实施情况（选3，P115）		
生物技术与工程	1	利用乳酸菌发酵制作酸奶或泡菜；利用酵母菌、醋酸菌分别制作果酒和果醋	制作传统发酵食品：制作泡菜（P6）；制作果酒和果醋（P7）	制作泡菜并**检测亚硝酸盐含量**（选1，P9）；果酒和果醋的制作（选1，P2）
	2	通过配制培养基、灭菌、接种和培养等实验操作获得纯化的酵母菌落	酵母菌的纯培养（P12）	制备牛肉膏蛋白胨固体培养基（选1，P16）；纯化**大肠杆菌**（选1，P18）
	3	分离土壤中分解尿素的细菌，并进行计数	土壤中分解尿素的细菌的分离与计数（P18）	土壤中分解尿素的细菌的分离与计数（选1，P21）
	4	利用植物组织培养技术培育菊花或其他植物幼苗，并进行栽培	菊花的组织培养（P35）	菊花的组织培养（选1，P32）

续 表

模块	序号	新课标	2019版教材	2004版教材
生物技术与工程	5	DNA的提取和鉴定	DNA的粗提取与鉴定（P74）	DNA的粗提取与鉴定（选1，P54）
	6	利用聚合酶链式反应（PCR）扩增DNA片段并完成电泳鉴定，或运用软件进行虚拟PCR实验	**DNA片段的扩增及电泳鉴定**（P84）	
	7		**课外实践：基于网络数据分析基因和蛋白质的序列信息**（P96）	

其他变化：

删除：①胡萝卜的组织培养（选3，P34）；②课外活动：观察蛙受精卵的分裂（选3，P68）

调整：①腐乳的制作（选1，P6）→正文阐述（新选必3，P5）；②测定亚硝酸盐含量的操作（选1，P11）→练习与应用（新选必3，P8）；③分解纤维素的微生物的分离（选1，P27）→练习与应用（新选必3，P20）；④模拟制作：重组DNA分子的模拟操作（选3，P6）→思考与讨论（P73）

注：

1. 表格中第4列中"（PX）"表示2019版教材相应模块第X页，第5列中"（1PY）"表示2004版教材必修1第Y页，"（选3，PY）"表示2004版教材选修3第Y页，以此类推。

2. 表格中字体加粗部分，代表两版教材中有差异的部分。

第 3 节　基于学科核心素养的高中生物学六版新教材栏目比较

2013年，教育部启动了普通高中课程修订工作。2016年初，教材修订工作开始启动。2018年1月教育部印发了《普通高中生物学课程标准（2017年版）》。2019年起，六个版本的普通高中生物学新教材相继出版。它们分别是：朱正威、赵占良主编，人民教育出版社出版的"人教版"；刘恩山主编，浙江科学技术出版社出版的"浙科版"；付尊英、刘广发主编，北京师范大学出版社出版的"北师大版"；张新时主编，上海科技教育出版社出版的"沪科教版"；汪忠主编，江苏凤凰教育出版社出版的"苏教版"；赵云龙、周忠良主编，上海科学技术出版社出版的"沪科技版"。

六版新教材的编写和修订均以新课程标准为根本依据，以培养高中学生生物学学科核心素养为宗旨，遵循学生身心发展规律，努力践行社会主义核心价值观，但六版新教材栏目的编排方式、种类数量、内容选择、功能定位等设计均存在较大差异。

1 着眼学生认知规律，栏目编排设置的比较

新课标在教材编写建议中多次强调，教材的内容选择、编排形式和活动设计等，应符合高中学生心理特征和认知水平，能够激发学生的求知欲，体现学习方式的多样化，有利于学生自主学习和主动建构知识。高中学生已具备一定的生物学知识基础，但知识仍浅显零散，也积累了不少与生物学有关的信息或经验，但经验相对感性，形象思维发达，但辩证逻辑思维能力不强等。教材需根据学生的知识基础、心理特点和认识规律，通过丰富多彩的栏目编排设置，来激发学生的好奇心和求知欲，点燃学生的学习热情，引导学生体验学习的乐趣。

在每个模块前，人教版设置了"科学家访谈"栏目，北师大版和苏教版设置了"前言""绪论"，浙科版、沪科教版和沪科技版均设置了"致同学们"栏目。这些栏目或从科学家的角度，或从师长的角度，亲切地告诉学生，生物学是一门怎样的学科，为什么要学习生物学，怎样学好生物学。这样的设置，一下就拉进了教材、教师与学生的距离。再如，每版教材每章都设置了含引言、题图的"章首页"，在此处，人教版附上了压图格言警句或小诗，浙科版列出了"学习目标"和"本章学习应聚焦的关键能力"，沪科教版展示了相关"时间轴科学史"等。这些栏目的编制通过各种方式创设学习情境，激发学习兴趣，体现问题驱动。

2 围绕大概念，栏目内容选择的比较

新课标本着"少而精"的原则，在必修课程和选择性必修课

程中确定了10个大概念、31个重要概念和120个次位概念，从而形成了课程的内容框架。学生通过深刻学习、理解和应用这些重要的生物学概念，从而促成生物学学科核心素养的形成。教材中各栏目应围绕大概念，依据重要概念和次位概念精选恰当的内容，一方面提供各种丰富的、有代表性的事实来为学生的概念形成提供支撑；另一方面，要通过对事实的抽象和概括，帮助学生建构合理的知识框架。

下面以必修1《分子与细胞》蛋白质相关的内容为例进行比较。在新课标中与蛋白质相关的次位概念表述为"阐明蛋白质通常由20种氨基酸分子组成，它的功能取决于氨基酸序列及其形成的空间结构，细胞的功能主要由蛋白质完成"，根据新课标要求，六版教材的栏目内容选择存在异同，比较结果显示：

（1）六个版本新教材中栏目内容有相同之处。例如：①人教版、浙科版、沪科技版、沪科教版分别在"与社会的联系""小资料""广角镜""阅读空间"栏目中介绍了必需氨基酸和非必需氨基酸，帮助学生拓展知识，加深对氨基酸的了解；②人教版和浙科版分别在节末的"生物科学史话"和"课外读"栏目中介绍了世界上第一个人工合成蛋白质——胰岛素的诞生；③浙科版、苏教版、沪科教版、北师大版分别在"活动""边做边学""实验探究""实践应用实验"栏目中安排"检测生物组织中的蛋白质"实验，加深对蛋白质的感性认识。

（2）六版教材均设计了帮助和引导学生理解氨基酸结构、蛋白质结构与功能关系的相关栏目，但思考提问的深度与广度存在差异。例如：人教版在两个"思考·讨论"栏目中分别引导学生思考

"氨基酸的结构特点"和"氨基酸怎样构成蛋白质";浙科版在"小资料"栏目中列举蛋白质的每种特定功能都取决于其特定的结构;苏教版通过"积极思维"栏目设问"细胞中的蛋白质分子是怎样组成的呢?",在"问题与讨论"栏目引导学生写出半胱氨酸的结构式;沪科技版通过表格栏目引导学生构建氨基酸数目、蛋白质三维结构与主要功能的关系;沪科教版在"模型建构"栏目中设计"探究氨基酸分子结构的共同点"思考活动;北师大版通过4个"寻找证据阅读"栏目中的资料分析,引导学生关注蛋白质的功能,氨基酸分子结构的异同,蛋白质的空间结构与一级结构的关系,以及血红蛋白的功能与结构之间的关系。

（3）不同版本新教材都进行了蛋白质知识的延伸和拓展,但内容有差异。人教版设计了"问题探讨"栏目介绍含胶原蛋白的手术缝合线来创设真实情境,激发学生学习兴趣,在"与社会的联系"和"相关信息"栏目介绍了肽链折叠错误与疾病的关系及蛋白质变性;沪科技版在"概念聚焦"栏目交代了新课标中的蛋白质相关次位概念,在"广角镜"栏目介绍蛋白质空间结构的测定方法;沪科教版在"阅读空间"栏目介绍蛋白质二级结构中的 α 螺旋和 β 折叠,在"思维训练"栏目设计"利用球棍模型构建三肽";北师大版在"小资料"栏目介绍氨基酸的名称及缩写。

3 聚焦核心素养,栏目功能定位的比较

生物学课程的设计宗旨和实施的基本要求主要从生命观念、科学思维、科学探究和社会责任4个方面发展学生的学科核心素养。生物学学科核心素养着眼于学生适应未来社会发展和个人生活的需

求，充分体现了生物学课程的学科特点和育人价值。教材内容的组织应当实现课程知识目标达成与生物学学科核心素养发展的统一。如何将课程知识的学习过程提升为学生生物学学科核心素养的发展过程，需要教材编写者突破传统思维，对课程内容进行有机组织、巧妙呈现，可以尝试结合实验、生活经验、图文资料等各种资源或途径，引导学生发展积极思维，主动探索，培养他们从不同的角度和高度认识生命世界，养成综合、开放、创造性思维的习惯，并提升动手实践能力。教材中不同栏目的精心设计，很大程度上承载了新课标对教材编写所提出的以上要求。各版新教材各类栏目的设计意图会指向一个或多个核心素养，它们为生物学学科核心素养的培养提供了丰富资源和有效途径。

例如，人教版设计的"科学方法""思维训练""批判性思维""想象空间"等栏目，设计意图就在于实施方法教育，引导学生理解科学研究的一般方法，系统地从证据的获取与甄别、数据的处理与解释、辨别假设、展开推理、评估论断等多个方面训练学生的科学思维。再如，浙科版活动栏目的教学指向，涵盖了学科核心素养的4个维度，在探究、制作、观察等活动中目标的第一指向是核心素养的"科学探究"；在演示、资料收集、讨论等活动中的第一指向是核心素养的"生命观念"；在建模、数据分析等活动的首要目标是"科学思维"；而几乎所有的活动都会涉及"社会责任"的教育。

4 应用栏目资源，落实学科核心素养的培养策略

4.1 应用栏目，落实生命观念的培养

新课标中列举了4类生命观念，即结构与功能观、进化与适应

观、稳态与平衡观、物质与能量观等，教材必修1主要体现结构与功能观、物质与能量观，必修2主要体现进化与适应观，选择性必修1和选择性必修2主要体现稳态与平衡观。学生通过各模块学习形成观念，并能使用生命观念去认识生物的多样性、统一性、独特性和复杂性，进而形成科学的自然观和世界观，并以此指导自身探究生命活动规律，解决实际问题。发展学生的生命观念是核心素养的首位，培养学生形成生命观念要建立在较好地理解生物学概念的基础上。

教师在设计和组织每个单元的教学活动时，应该围绕大概念和重要概念展开，充分利用教材中各种栏目资源，精选恰当的教学活动内容和活动方式，帮助学生形成正确的生物学重要概念，进而建立生物观念。在各版教材栏目中，概念归纳类和知识拓展类培养的核心素养第一指向就是生命观念。例如，经过比较发现，人教版中的"本节聚集"，浙科版的"本节要点"，沪科技版的"学习目标"和"概念聚焦"栏目，均在每节开头就对学生进行了明确的指向性引导，教师利用这些栏目，通过问题引导，组织学生阅读、思考，帮助学生对重要概念进行准确的理解，进而形成生命观念。人教版、苏教版、沪科技版中的"本章小结（本章回顾）"栏目通过文字形式进行概念要点梳理，北师大版和浙科版在本章小结中除了文字概括外，还分别通过"基础知识梳理""本章知识结构图"栏目中的思维导图，对本章重要概念进行了可视化处理。沪科教版在节后的"学业要求"栏目，用表格化形式将重要概念与核心素养进行结构化联结。基于比较结果，教师在进行章节概念梳理教学时，可以整合各版教材资源，如参考北师大版、浙科版的思维导图，沪

科教版的表格概括，丰富教学形式，从而提升学生的概念学习水平，加强生命观念素养的形成。

4.2 应用栏目，落实科学思维的培养

新课标中列举了5类科学思维方法，即归纳与概括、演绎与推理、模型与建模、批判性思维、创造性思维等方法。科学思维的培养是引导学生尊重事实和证据，崇尚严谨和务实的求知态度，运用科学的思维方法探讨、阐释生命现象及规律，审视或论证生物学社会议题，认识事物，解决实际问题。

教师在落实科学思维培养时，首先，要加强概念的教学，因为概念是思维的基本形式，也是思维的工具，还要注重引导学生在事实基础上通过抽象和概括等思维建构概念。其次，要将思维教学与教材正文和各种栏目中呈现的科学史的教学、探究活动的设计和实施有机结合，通过科学家不迷信权威、敢于质疑的事实，让学生感受批判质疑精神，并通过分析科学家的实验和亲身参与探究活动，在获取证据、逻辑推理等方面提升能力。最后，通过难度较大的思维训练活动，训练学生的逻辑思维。教材中的思考讨论类、实践探究类、素养评价类、素养培养类栏目，如人教版的"思考·讨论""思维训练"，沪科技版的"思维训练""科学史话""探究·建模"等，以及各版新教材节后和章后的习题栏目中的思维训练题目，要充分利用，调动学生积极思维、讨论交流，并且针对学生在交流过程中暴露的思维问题进行有效指导。

4.3 应用栏目，落实科学探究的培养

各版新教材落实科学探究素养的载体绝大多数都在各个栏目中呈现，如人教版的"探究·实践""生物科学史话""课外制

作"，北师大版的"实践应用实验""实践应用搜集""实践应用观察""实践应用讨论""实践应用建模""实践应用调查"等栏目，苏教版的"边学边做""走进实验室"，浙科版的"活动""建议活动"，沪科教版的"经典再现""资料探究""科学实践""模型建构"和沪科技版的"探究·实验"等。

教师在教学中应积极组织开展探究活动，充分利用教材栏目资源，创设真实情境，提供更多的机会让学生亲自参与和实践，不能将探究等同于实验，更要避免机械地按照统一程序和模式进行表面化探究。各版新教材的栏目中有大量帮助教师创设真实情境的资源。例如，在"比较过氧化氢在不同条件下的分解"探究活动中，人教版新教材沿用了旧教材的活动内容，使用肝脏研磨液、$FeCl_3$溶液、试管、卫生香、温度计等材料用具，培养学生观察、思考、提问、描述等探究能力，但如果我们在设计该探究活动时，参考其他版本教材的材料用具，如浙科版中使用二氧化锰作为无机催化剂，苏教版使用新鲜的酵母菌液代替肝脏研磨液等，就可以丰富探究内容，帮助教师引导学生尝试亲自参与探究方案的设计，培养学生的创新精神和实践能力。

4.4 应用栏目，落实社会责任的培养

新课标中列举了4类社会责任：关注社会议题，参与讨论，辨别迷信和伪科学；开展科学实践，尝试解决现实生活问题；形成生态意识，参与环境保护实践；关爱生命，崇尚健康文明的生活方式。

不同版本新教材设置的，明确指向社会责任的栏目主要有人教版的"科学·技术·社会""与生物学有关的职业"，苏教版的"放眼社会""走近职业"，沪科技版的"生物学与社会""前沿

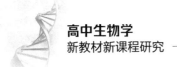

视窗"等。教师在教学实践中，可以充分利用这些栏目落实社会责任培养的显性资源，组织开展教学活动，并在此基础上引导学生课外收集相关资料，在班级分享交流，提升社会责任感。与此同时，教师还需要关注隐含在正文和其他栏目中的隐性材料，教学中需要利用教材显性资源，同时注意显隐结合，把资源用活。

参考文献

［1］中华人民共和国教育部.普通高中生物学课程标准（2017年版2020年修订）［S］.北京：人民教育出版社，2020.

［2］谭永平.人教版《普通高中教科书生物学》栏目设计意图［J］.生物学通报，2022，57（5）：15–18.

［3］刘恩山，朱立祥，李晓辉.基于学习科学理论　落实核心素养目标——浙科版高中生物学教材的设计意图和教学取向［J］.生物学通报，2021，55（8）：13–18.

［4］赵占良.对生物学学科核心素养的理解（二）——科学思维及其教学［J］.中学生物教学，2019（19）：4–7.

［5］赵占良.对生物学学科核心素养的理解（三）——科学探究与实践［J］.中学生物教学，2022（5）：4–7.

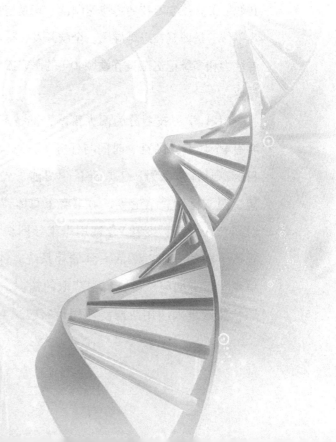

第**②**章

高中生物学教学研究

第 1 节　谈BOST学习技巧在
高三生物复习中的应用

1 BOST学习技巧简介

BOST学习技巧源于英国思维教育专家东尼·博赞（Tony Buzan，1942—）。该学习技巧将快速阅读、超级记忆术和思维导图有机整合为一体，是博赞在思维导图、全脑开发、学习后回忆、发散性思维、专注力和多维记忆工具等领域40年的研究成果中，提炼出的高效学习精要。

BOST学习技巧分为两大策略：准备策略和应用策略。准备策略有4个环节：浏览、时间与任务量、思维导图练习、提问与确定目标。具体步骤为：①在准备学习前，先浏览学习资料的结构框架、图文比例、结论等，对书有个总体"感觉"；②确定看书的时间和任务量；③花5分钟用思维导图快速写出学习者对学习主题所了解的一切，激活大脑储存系统；④再花5分钟用思维导图呈现学习者期望从该资料中获取的知识，即学习目标，并提出问题，然后进入应用阶段。应用策略包括4个环节，具体步骤为：

总览、预习、精读、复习。①总览时，使用视觉导引物（如铅笔），运用快速阅读技巧，迅速翻阅整本书，特别关注书中的非常规印刷字体，如目录、图表、结论等，使学习者对书的体例有全面认识。②通过预习找出书中的核心内容，关注全文的开始和结束部分（信息往往集中在这里），不必看全部内容，学会选择和摈弃，运用已有知识来评价书中的内容和观点。③精读。经过总览和预习，若仍需寻找更多信息，就应对材料进行精读；若在精读中碰到难点，可以绕开，待学习者拥有更多信息后，再回头来处理，难点可能就迎刃而解了。④复习。运用超强记忆术，查缺补漏，持续复习，将瞬时或短时记忆变为长期记忆。

2 BOST学习技巧在复习《分子与细胞》中的应用

高三生物复习中，课本是我们最重要的复习资料，但很多学生并没有充分利用课本资源，在知识点没有精准掌握的情况下，在题海中浪费时间。怎样在高三有限的时间里充分阅读课本，掌握要点呢？

2.1 快速阅读技巧

2.1.1 熟读目录，总览全书

《分子与细胞》一书在目录中就已呈现出该模块是围绕"细胞是基本的生命系统"来建构全书知识结构体系的，侧重于使学生在分子与细胞层面认识生命系统的物质基础和结构基础等（见图2-1-1）。熟读目录，整本书以"细胞"为关键词，并由此展开的知识架构"细胞的组分、结构、功能、发展"就变得清晰了。

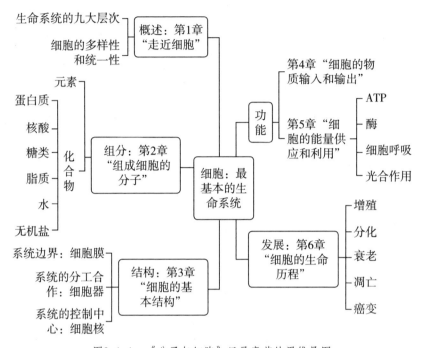

图2-1-1　《分子与细胞》目录章节的思维导图

2.1.2 跳读章节，聚焦结论

课本每章首页都有一段前言，就本章知识创设情境，激发学生的求知欲，与之相呼应的是每章末页的"本章小结"。每章小结都将本章的重点知识融会贯通，全面总结概括。学生在进行章节复习时，应首先阅读这两个部分，以检验自己对本章内容的掌握情况，若相关知识已掌握，就跳到下一章；若本章知识仍有漏洞，再进行精读。

2.1.3 精读课本，关注特殊

在精读课本前需要对阅读时间和阅读量进行规划；在精读过程中，要做到快速高效，应在视觉导引物的辅助下，眼睛有规律地跳跃、停顿或凝视阅读，尽量避免回跳、视觉游离和复读。此外，千万不要放过课本中的特殊区域：正文黑体字部分和课本中穿插的各种栏目内容。栏目主要包括：

（1）正文中穿插的问题探讨、本节聚焦、思考与讨论、资料分析、实验、探究、技能训练、模型建构、资料搜集和分析等。

（2）旁栏穿插的相关信息、"？"、知识链接、学科交叉、科学方法。

（3）正文后穿插的练习、科学前沿、科学史话、自我检测等。2017年全国理综高考新课标I卷就出现了必修1课本课后习题中的台盼蓝染色排除法，以及旁栏相关信息中的NADPH等信息。这些信号告诉我们，高考对课本知识点的掌握提出了更加细致全面的要求。

2.2 超强记忆术

博赞认为想象和联想是所有记忆技巧的核心，并提出了强化想象和联想的10项核心记忆法则：感觉、夸张、韵律和运动、色彩、数字、符号、顺序和模式、吸引力、欢笑、积极思维。将博赞的记忆术运用到生物学学习中，可以采用以下方式。

2.2.1 根据法则，设计策略

（1）口诀歌谣策略，将单调知识韵律化。例如，复习观察植物细胞有丝分裂实验时，可将实验步骤改以歌谣的形式来记忆，即"盐酸解离水漂洗，染色要用甲紫，制片要呈云雾状，镜下观察找仔细"。

（2）数字组合策略，将零散知识条理化。例如，拓展原核生物种类时，蓝细菌等各类细菌、放线菌、衣原体、支原体和立克次氏体可用"两菌、三体"来概括。

（3）公式计算策略，将关联知识符号化，如链状肽中氨基酸数=肽键数+肽链数。

（4）联想比喻策略，将抽象知识形象化，如复习细胞膜的微观结构时，可将磷脂双分子层比喻成流动的海洋，而覆盖、嵌入和贯穿在其中的蛋白质就好比浮动在海洋上的冰山。

（5）表格对比策略，将易混淆知识清晰化，如复习光合作用时，可采用表格对比光反应和暗反应的场所、条件、过程、能量变化等，加强甄别和记忆。

（6）动画模拟策略，将微观知识宏观化。对于一些微观结构（如细胞器）和微观过程（如有丝分裂），可利用彩色多媒体动画等资源加以辅助理解，将微观信息宏观放大，模拟再现复杂的生命活动过程。

（7）思维导图策略，将局部知识整合化。例如，复习细胞器时，可绘制思维导图，将八大细胞器的形态、结构、分布、成分、功能和相关生理过程，如光合作用、细胞呼吸、主动运输、细胞分裂、分泌蛋白的合成和分泌等整合在一起，将局部知识汇总整合，找出内在逻辑关系，加强学生科学思维的训练。

2.2.2 持续复习，规律巩固

博赞根据学习后的遗忘曲线，提出要将新信息由短期记忆转变为长期记忆，需要重复至少5次，这5次持续复习的间隔时间一般为：学习结束后立即复习1次、1天、1周、1个月、6个月。学生可以根据该规律，安排自己的复习计划，保留对重要知识点的长期记忆。

2.3 思维导图

思维导图（Mind Map）是BOST学习技巧的精髓，是能促进思维激发和思维整理的可视化、非线性思维工具，需要用图解的形式和网状的结构，加上关键词和关键图像，储存、组织和优化信息。思维导图中的每一个关键词都是记忆激发器，结合文字、线条、颜色、图形等，对所有与关键词相关的信息进行加工整理，形成清晰逻辑结构，实现信息的高效管理和记忆的长久保存。

2.3.1 功能多元，复习必备

各种应用研究表明，在高三生物复习阶段，学生使用思维导图记录笔记、交流讨论、整理重难点、建构章节知识体系等，能帮助学生实现复习内容图示化、思维过程可视化以及零散知识整合化，有助于激发学生学习兴趣，帮助学生理解、掌握和应用知识，对提高复习效率具有积极的意义。

2.3.2 绘制技巧，有法可循

为突出重点，思维导图中的关键词需配以图像，使用三种以上的颜色绘制，可自动吸引眼睛和大脑的注意力，激发记忆力和想象力。为突出层次，图中字号大小和线条粗细要有规律，间隔要有序，还可利用箭头、颜色和编码来增加思维导图的层次，关键词表述尽量精简。

2.3.3 软件协助，轻松掌握

目前适用于学生制作思维导图的软件有：Mindmanager（专业化程度较高，但入门难度大，适用于对功能要求较高的人），Min Mapper（线条比较美观，适用于初学者）和Inspiration（使用起来最简单）。学生可根据自己的实际情况，选择合适的软件，制作思维导图用于复习。

参考文献

［1］东尼·博赞.博赞学习技巧［M］.北京：化学工业出版社，2017.

［2］赵占良.“稳态与环境”模块的解读［J］.生物学通报，2004（6）：31-33.

［3］朱文艺.生物学教学中的信息加工策略［J］.中学生物学，2004（2）：27-30.

［4］赵国庆.概念图、思维导图教学应用若干重要问题的探讨［J］.电化教育研究，2012，33（5）：78-84.

（本文于2018年4月发表于教育部主管、北京师范大学主办的《中国教师》总第229期，2018年第4期。）

第 2 节　例谈关于有丝分裂和DNA
复制相结合题型的解题方法

1 背景介绍

有丝分裂与DNA复制相结合的题目多次出现在近年的高考题中。这一类题型的考查要点在于将同位素标记技术在DNA半保留复制中的应用与有丝分裂过程中染色体行为的变化规律相结合，测试学生在较复杂的情境中综合运用这两个知识点进行分析、判断、推理和评价的能力。考试结果显示，当两个知识点单独考查时，大部分学生基本都能正确应对，但当考题将二者相结合，分析子代DNA或细胞的标记情况时，正确作答率明显下降。鉴于此，笔者在教学实践中针对性地采用了画简笔图的方法，简洁、直观地呈现这两个重要知识相结合后的关键环节，取得了良好的教学效果。下面笔者通过例题解析，对画简笔图的解题方法加以介绍，以期与同行交流。

2 例题分析

例题1：（2010年山东高考题）蚕豆根尖细胞在含^{3}H标记的胸

腺嘧啶脱氧核苷培养基中完成一个细胞周期，然后在不含放射性标记的培养基中继续分裂至中期，其染色体的放射性标记分布情况是（　　）

A. 每条染色体的两条染色单体被标记

B. 每条染色体中都只有一条单体被标记

C. 只有半数的染色体中一条单体被标记

D. 每条染色体的两条染色单体都不被标记

解析：由于DNA分子的复制方式为半保留复制，即子代DNA是由亲代DNA的模板链（旧链）和脱氧核苷酸组成的子链（新链）构成的。蚕豆细胞在有放射性标记的培养基中完成一个细胞周期，其间DNA复制1次，子一代DNA中新链含^{3}H，旧链不被标记。用曲线条"ζ"表示含^{3}H的脱氧核苷酸链，用直线条"│"表示不含标记的模板链，子一代DNA即可用"ζ│"表示。该DNA在不含放射性标记的培养基中继续分裂至中期，其间DNA第二次复制，产生子二代DNA的过程及标记情况如图2-2-1所示。

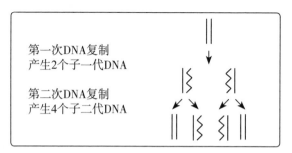

第一次DNA复制
产生2个子一代DNA

第二次DNA复制
产生4个子二代DNA

图2-2-1　DNA第二次复制产生子二代DNA的过程及标记情况图

有丝分裂过程中，经复制产生的两个子代DNA完全分开需要一个过程，即每条染色体在分裂间期复制后，成为含两条姐妹染色单体的染色体，此时的染色体含2个DNA分子，4条脱氧核苷酸链。后期着丝粒分裂后，这两条染色单体才得以分开成为两条染色体，从而实现两个子代DNA的完全分离。因此，第二次有丝分裂中期和后期染色体的标记情况可用图2-2-2表示。

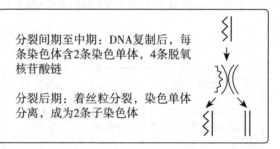

图2-2-2　DNA第二次有丝分裂中期和后期染色体的标记情况图

如图2-2-2，用""表示第二次有丝分裂中期的染色体，结果一目了然，此时每条染色体中都只有一条染色单体的一条链被标记。

答案：B

例题2：（2006年北京高考题）用^{32}P标记了玉米体细胞（含20条染色体）的DNA分子双链，再将这些细胞转入不含^{32}P的培养基中培养，在第二次细胞分裂的中期、后期，一个细胞中的染色体总条数和被^{32}P标记的染色体条数分别是（　　　）

A. 中期20和20、后期40和20

B. 中期20和10、后期40和20

C. 中期20和20、后期40和10

D. 中期20和10、后期40和10

解析：玉米体细胞有丝分裂中期每个细胞的染色体数不变，为20条；后期着丝点分裂，染色体数加倍为40条。以一条染色体为例进行画图分析：用曲线条"$\{$"表示含^{35}P的旧链，用直线条"$|$"表示不含标记的新链，两次有丝分裂DNA的标记情况如图2-2-3和图2-2-4所示。

第一次有丝分裂：

分裂间期至中期：每条染色体的4条脱氧核苷酸链中有2条带标记

分裂后期：染色单体分离，成为2条子染色体

图2-2-3　DNA第一次有丝分裂的标记情况图

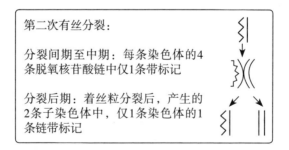

第二次有丝分裂：

分裂间期至中期：每条染色体的4条脱氧核苷酸链中仅1条带标记

分裂后期：着丝粒分裂后，产生的2条子染色体中，仅1条染色体的1条链带标记

图2-2-4　DNA第二次有丝分裂的标记情况图

由图2-2-3和图2-2-4可知，第二次有丝分裂中期，每条染色体都带有标记，而后期产生的2条子染色体中仅1条带标记，即后期仅

半数的染色体带标记，因此，该玉米体细胞第二次有丝分裂中期和后期被^{35}P标记的染色体条数分别是20和20。

答案：A

例题3：取1个含有1对同源染色体的精原细胞，用^{15}N标记细胞核中的DNA，然后放在含^{14}N的培养基中培养，让其连续进行2次有丝分裂，形成4个细胞，这4个细胞中含^{15}N的细胞个数可能是（　　）

A. 2   B. 3

C. 4   D. 前三项都对

解析：题干中精原细胞连续进行2次有丝分裂，产生的4个细胞仍是精原细胞，每个细胞含1对同源染色体，其间DNA复制了2次。用曲线条"Ƨ"表示含^{15}N的旧链，用直线条"|"表示含^{14}N的新链，两次有丝分裂细胞中DNA的标记情况如图2-2-5和图2-2-6所示。

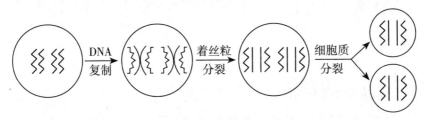

图2-2-5　亲代精原细胞进行第一次有丝分裂

由上图可知，经过第一次有丝分裂产生的2个子一代精原细胞中，每条染色体均含一条^{15}N标记的旧链和一条^{14}N标记的新链。

图2-2-6　子一代精原细胞进行第二次有丝分裂至后期

姐妹染色单体分开形成两条子染色体后，将由纺锤丝牵引分别向细胞两极移动，而这两条子染色体中的哪一条移向哪一极却是随机的。于是，子二代精原细胞中染色体的组合会产生图2-2-7和图2-2-8两种方式。

图2-2-7　第一种染色体组合方式　　　　图2-2-8　第二种染色体组合方式

据图得出以下三种结论：

（1）若2个子一代精原细胞分裂时均采用第一种染色体组合方式，则有2个子二代细胞含^{15}N标记、2个子二代细胞仅含^{14}N标记。

（2）若子一代精原细胞均采用第二种染色体组合方式，则4个子二代细胞中全都含^{15}N标记。

（3）若2个子一代精原细胞分别采用第一种和第二种染色体组合方式，则有3个子二代细胞含^{15}N标记、1个子二代细胞仅含^{14}N标记。因此，4个子二代细胞中含^{15}N标记的细胞个数可能是2个或3个或4个。

答案：D。

（本文发表于全国教育类核心期刊、华东师范大学主办的《生物学教学》2012年第37卷第6期。）

第3节　生物学教学中的信息加工策略

美国著名心理学家加涅以学生在学习中产生的八种心理活动，即期待、注意、编码、储存、检索、迁移、反应和强化为依据，用信息加工理论来解释学习活动，将学习过程分为动机、领会、获得、保持、回忆、概括、动作和反馈八个阶段。换言之，学生的学习过程就是对信息的输入、加工、贮存和输出过程。而要使学生精确、有效地掌握知识，对信息的加工是一个至关重要的环节。在学习进程中，学生不应是被动的知识接受者，而应是积极的信息加工者。学生对接收到的信息进行加工的能力和程度，直接影响到信息的贮存和输出。因此，教师在提供知识信息的同时，还应该教会学生如何加工信息，成功地实现对各种信息的双重编码，并将其转变为长时记忆储存在大脑里。在生物学教学实践中，面对各种纷繁复杂的知识信息，正确的信息加工策略将大大促进教学目标的实现。以下介绍几种笔者在教学过程中获得良好教学效果的信息加工策略，与众多同行交流、探讨。

1 口诀歌谣策略，将单调信息趣味化

面对单调乏味又要求识记的知识信息，可采用字头、谐音、方言和俚语等形式将其内容简化，编成朗朗上口、饶有趣味、便于记忆的歌谣口诀。

例如，在"动物胚胎发育过程"部分内容的讲授中，可以十字口诀的形式串讲三个胚层各自发育成哪些组织、器官和系统，即"外表附神感，内消呼皮腺"。其含义是：外胚层发育成表皮及其附属结构、神经系统、感觉器官，内胚层发育成呼吸道和消化道的上皮、肝和胰等腺体，而未提及的骨骼、肌肉、循环、排泄、生殖等系统由中胚层发育。这样可使乏味散乱的知识显得相互联系，易于识记。

再如，在观察植物细胞有丝分裂过程的实验教学中，可将实验步骤编写成歌谣形式，即"盐酸解离水漂洗，染色要用甲紫，制片要呈云雾状，镜下观察找仔细"。教师通过易记的歌谣可将实验要求以及注意事项准确地传达给学生。

2 数字组合策略，将零散信息条理化

在教学过程中，有一些看似零乱分散的信息，可与便于记忆储存的简单数字有机组合在一起，加强知识的条理性，同时利于学生对此类信息的掌握。

例如，在讲解原核生物的种类时，教材上仅仅指出了原核生物包括蓝细菌等各类细菌、放线菌、衣原体、支原体和立克次氏体，这对于从未接触过该类知识的学生来讲是不易识记的内容。因此，不妨将这一连串信息以"两菌、三体"加以概括，帮助学生理清记

忆线索，从而达到促进学生掌握该知识点的目的。

再如，在遗传学的教学内容中，运用基因的自由组合定律分析两对相对性状杂交实验中子二代（F_2）的表型、基因型及其各自的比例分布情况一向是教学的重点和难点，笔者在教学实践中采取了结合图表的数字记忆策略，取得了良好的效果，即根据配子结合的二维图表，用六个字"一点、两线、三角"来归纳F_2的表型及其比例。

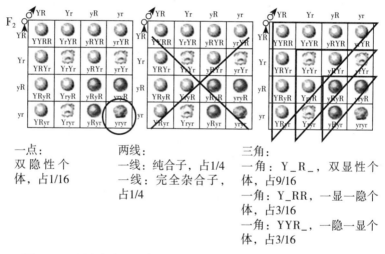

一点：
双隐性个体，占1/16

两线：
一线：纯合子，占1/4
一线：完全杂合子，占1/4

三角：
一角：Y_R_，双显性个体，占9/16
一角：Y_RR，一显一隐个体，占3/16
一角：YYR_，一隐一显个体，占3/16

图2-3-1　用六个字"一点、两线、三角"来归纳F_2的表型及其比例

又如，"相对性状"的概念在教材中是这样叙述的："同一种生物的同一种性状的不同表现类型。"笔者在讲解时，将其概括为"两同一异"，便于学生掌握。

3 公式计算策略，将关联信息公式化

生物学教学内容中有相当数量的问题需要学生运用所掌握的知识进行逻辑推导才能得出答案，此时，可以采用公式的形式将书本中相关信息的内在逻辑联系提炼出来，使学生厘清思维脉络，并通过数学计算的方式逐步推导出正确的结论。以下列举了一些较常用的计算公式：

（1）链状肽中氨基酸数=肽键数+肽链数

（2）氨基酸数=3×mRNA碱基数=6×基因碱基数

（3）四分体数=同源染色体对数

（4）配子种类=2^n（n代表等位基因的对数）

（5）生物自交n代后子代中，杂合子概率=$\dfrac{1}{2}n$

4 联想比喻策略，将抽象信息形象化

生物体内众多微观、抽象的结构是学生不易理解的，若以形象生动的比喻或类比的形式将这些抽象信息与学生日常生活中常见的事物联系起来，往往可以取得很好的教学效果。

例如，在讲解细胞膜的微观结构时，可将磷脂双分子层比喻成流动的海洋，而覆盖、嵌插和贯穿在磷脂双分子层中的蛋白质就好比浮动在海洋上的冰山。这样不仅形象地使学生理解了该结构，同时还使其对细胞膜的流动性有了一个较为感性的认识。

再如，在讲解植物的光合作用这部分内容时，为了使学生对光合作用有一个系统的理解，可以将绿叶类比为绿色工厂，那么叶绿体、光能、二氧化碳、水、糖类和氧就可以依次类比为工厂的厂房、动力、原料和产物。这样一来，学生对光合作用就有了一个从功能到结构的形象化的整体性把握。

又如，可以把DNA双螺旋结构喻为旋转楼梯，把叶绿体中垛叠

的囊状结构喻为一摞烙饼，等等。

5 表格对比策略，将易混淆信息对称化

教学中的一些内容信息量大，且性质相近，易于混淆，这给学生的识记和理解带来一定难度。采取表格对比策略将相关知识做比较处理，不仅可以使学生牢牢掌握知识，也可以培养学生对易混淆信息的甄别能力，起到事半功倍的效果。

例如，在"基因的表达"这一节内容中，复制、转录和翻译三个过程是学生常常容易混淆的，而这三个过程又是理解基因表达过程的关键所在，这样的信息经过表格（表2-3-1）比较处理后要点就一目了然了。

表2-3-1　基因表达过程的相关信息比较

项目	复制	转录	翻译
场所	细胞核	细胞核	细胞质
模板	DNA的两条链	基因的一条链	mRNA
原料	4种脱氧核苷酸	4种核糖核苷酸	20种氨基酸
产物	两条DNA双链	一条mRNA链	一条多肽链

同理，在讲授"光合作用中的光反应和暗反应"这一节内容时，也可以采用表格策略以促进教学目标的顺利达成（表2-3-2）。

表2-3-2　光合作用两种反应相关信息比较

种类	光反应	暗反应（碳反应）
场所	叶绿体囊状结构薄膜	叶绿体基质
条件	光、色素、酶	有光或无光、ATP、〔H〕、酶
时间	短促，以微秒计	较缓慢

续 表

种类	光反应	暗反应（碳反应）
过程	1.水的光解：$H_2O→2[H]+1/2O_2$ 2.[H]形成：$NADP^++2e^-$ $+H^+→NADPH$ 3.ATP形成：$ADP+Pi+光→ATP$	1.CO_2固定：$CO_2+C_5→2C_3$ 2.CO_2还原：$C_3+[H]+ATP→$ （CH_2O）$+C_5$
反应物	H_2O	CO_2
生成物	O_2、[H]、ATP	（CH_2O）、C_5
能量	光能→活跃化学能	活跃化学能→稳定化学能 （CH_2O）

6 图解分析策略，将模糊信息清晰化

教材对于一些生命过程的解释，多采取科学性语言描述的方式，虽然叙述详尽但有时也显得冗长烦琐，而如果在讲授过程中结合教材内容将这些文字信息做清晰简化的图解分析，则可以起到取长补短的功效，有助于学生对教学内容的理解和掌握。

例如，在"细胞的分裂"这一部分教学内容中，分析染色体、染色单体、DNA的数目问题，一直是干扰学生理解有丝分裂和减数分裂，以及解决相关题目的主要障碍，采用以下图解（图2-3-2）分析后，则可以使整个过程显得简单明了。

图像	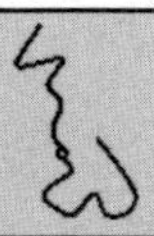		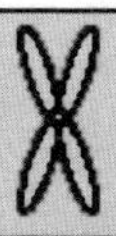
染色体（质）	1条	1条	1条
DNA	1个	1个	2个
染色单体	0	0	2条

图2-3-2　染色体、染色单体、DNA的数目分析图解

7 动画模拟策略，将微观信息宏观化

细胞中的生命活动是一系列极其复杂的，发生在微观世界的过程，如细胞的有丝分裂和减数分裂、兴奋在神经纤维上传导和在细胞间传递、基因表达以及其控制下的蛋白质合成等。在教学实践中，这类内容也往往成为教师"教"和学生"学"的"瓶颈"。面对这类信息，可尽量采用多媒体课件形式，如视频动画等与教学内容有机整合，进行精细加工，将微观信息宏观放大，模拟再现复杂的生命活动过程。这样可全方位地调动学生的多种感官，以利于他们对信息的输入、加工和储存。

总体而言，从信息论的角度来看，教学过程就是一个信息的传递过程。其中，信息的加工是整个过程中影响信息传递效率的一个重要因素。将这一理念引入生物学教学中，就体现为教师在吃透教材的同时，根据实际情况对教材内容中的各种知识信息进行加工处理，以利于学生的认知，实现对教学目标完成手段的优化。

[本文发表于江苏省一级期刊《中学生物学》2004年第20卷第2期（总第86期）。]

第4节　沃森和克里克成功背后的英雄

在现代生物学史上，詹姆斯·沃森（James D.Watson，1928—）和弗朗西斯·克里克（Francis Crick，1916—）是两个熠熠闪光的名字。他们在英国剑桥大学卡文迪许实验室经过两年多艰苦的研究，提出了著名的DNA分子双螺旋结构模型，奠定了现代生物学的基石。他们的成果论文《核酸的分子结构——脱氧核糖核酸的一个结构模型》，于1953年4月25日在英国《自然》杂志第4356期发表后，引起了科学界的极大反响，这是20世纪生物科学最伟大的成就之一。因为这一成就，他们获得了1962年的诺贝尔生理学或医学奖。

而在此之前，DNA研究领域已经非常活跃，很多科学家都在进行DNA分子结构的研究，就像赛跑，谁都希望第一个到达终点，成为首位成功建模的人。而沃森和克里克正是在薛尔谔的启发下，综合了鲍林的分子模型、威尔金斯与富兰克林的X射线衍射结果、查哥夫的碱基比理论、格里菲斯的计算等基础之上，才率先摘得桂冠。可以说，沃森和克里克的成功同样凝集着这些科学家的智慧和汗水。那么，现在就让我们来回顾一下这些幕后的英雄们吧。

1 奥地利量子物理学家埃尔文·薛尔谔

埃尔文·薛尔谔（Erwin Schrodinger，1887—1961）在1944年发表了《生命是什么》一书。在书中，他认为基因是一种有特殊地位的分子，物理学和化学规律同样可以应用于细胞及基因的研究。正是这本书使沃森和克里克选择将自己的智慧奉献在基因研究这片领域中。1946年，克里克阅读该书后写道："伟大的事情就在角落里。"由此开始致力于基因分子结构的研究。而沃森则说："从我17岁读到薛定谔的《生命是什么》那一刻起，我就希望发现基因的秘密。"此后，这两位志同道合的人一经相遇，就开始了现代生物学史上最富创造性、最完美的合作。

2 美国化学家努斯·鲍林

努斯·鲍林（Linus Pauling，1901—1994，1954年诺贝尔化学奖和1962年诺贝尔和平奖得主）从1951年起就在用X射线晶体衍射方法研究蛋白质的氨基酸和多肽链，最后发现了血红蛋白多肽链为 α 螺旋链，为此他获得了1954年诺贝尔化学奖，并因此成为全球的X射线晶体衍射权威。随后，鲍林也将研究重心转到DNA水平上来。他将X衍射图谱与原子间相互关系结合起来，建造分子模型（沃森称它像儿童玩具的模型），然后用X衍射图数据来检验模型的效果，并从理论上证明这两者的一致性。虽然鲍林的研究后来进入了DNA三螺旋结构的误区，使其与第三次获得诺贝尔奖擦肩而过，但是，鲍林分子建模的思路却给沃森和克里克极大的启发。沃森说："为什么我们不能用同样的方法解决DNA问题？我们只要制作一组分子模型，开始摆弄起来就行了。"而沃森和克里克后来成功的事实也证明了这条思路的正确性。

3 新西兰生物物理学家莫里斯·威尔金斯

莫里斯·威尔金斯（Maurice H. Wilkings，1916— ）是当年与沃森和克里克同获1962年诺贝尔生理学或医学奖的科学家，虽然他的知名度远不及前两位，但他的贡献却是不可磨灭的。威尔金斯1950年开始研究DNA的晶体结构，采用"X射线衍射法"获得了第一张DNA纤维衍射图（A型图）。根据该图，他做出了DNA分子是单链结构螺旋体的推断。1951年，威尔金斯在意大利那不勒斯举行的生物大分子结构学术会议上，做了关于DNA衍射图片分析的报告，并出示了一张DNA纤维的X射线衍射图，这给当时参加会议的沃森留下了深刻印象，由此激励他开始对DNA化学结构进行研究。在后来沃森和克里克的建模过程中，得到了威尔金斯很多帮助，他的诸多开创性工作和建设性意见为DNA双螺旋结构的最终形成做出了重大的贡献。

4 英国X射线晶体衍射技术专家罗莎琳德·富兰克林

DNA分子衍射技术是构建DNA双螺旋结构模型的直接技术基础，作为当时该项技术的权威专家，罗莎琳德·富兰克林（R. Franklin，1920—1958）的贡献同样是不可磨灭的。富兰克林是一位才能卓著的女科学家。1951年，她在英国皇家学院进行DNA分子衍射技术研究，凭借自己创造性的工作，对X射线衍射技术进行了不断的改进和优化，获得了效果极佳的DNA分子X射线衍射照片，由此她推算出DNA分子必然呈螺旋状，磷酸基团必定是在DNA分子的外

部。在沃森和克里克建模工作一度受阻时，富兰克林给予了他们很大帮助。她在1951年11月拍摄到的一张非常清晰的DNA晶体衍射照片，直接促成了沃森和克里克的成功。那是1953年2月14日，在沃森和克里克与威尔金斯的讨论中，威尔金斯出示了这张绝妙的照片。沃森看后不禁叫道："上帝！DNA链只能是双链才会显示出这样漂亮而清晰的图！"两周后，即1953年2月28日，沃森和克里克便建成了DNA双螺旋结构模型。富兰克林为模型的建立提供了关键的数据，为沃森和克里克的成功奠定了坚实的基础，虽然她没能得到像沃森、克里克及威尔金斯那样的荣誉，但是，她那高尚的科学道德仍受到后人的称赞。1958年，年仅38岁的富兰克林死于癌症。

5 奥地利生物化学家埃尔文·查哥夫

1948年，埃尔文·查哥夫（Erwin Chargaff，1905—）及其同事发明用色层分析法测量DNA内部的各种碱基的含量，并做了精细的分析。结果表明：腺嘌呤（A）与胸腺嘧啶（T）、鸟嘌呤（G）与胞嘧啶（C）的比值接近1∶1。这就是现在众所周知的DNA分子的"碱基配对"原则。1952年6月，查哥夫在剑桥与沃森和克里克相遇，并提及了碱基比值1∶1的结果。1953年初，沃森和克里克在参考了查哥夫的化学分析和所得出的碱基配对原则后，在两次建模失败的基础上，成功地提出了第三个模型，即DNA双螺旋结构模型。

6 英国数学家约翰·格里菲斯

约翰·格里菲斯（John Griffith）的贡献在于，为沃森和克里克计算了一个DNA分子内碱基的相互吸引力（弱的相互作用）。计算结果显示，该吸引力是不同类碱基间的相互吸引力，即腺嘌呤（A）吸引胸腺嘧啶（T）、鸟嘌呤（G）吸引胞嘧啶（C）。这与查伽夫提出的"碱基配对"规则不谋而合。以上两个结果使沃森和克里克茅塞顿开，走出了"相同碱基相互吸引"的误区，最终走向成功。

牛顿曾经说过，"我所有成就的取得皆因为我站在了巨人的肩上"。在当今分子生物学已经深入现代生物学的方方面面，成为一个发展极为迅速的带头学科的时候，沃森和克里克的贡献是毋庸置疑的。然而，如同科学史上众多取得巨大成就的科学家一样，在沃森和克里克身后是众多做出过巨大贡献的无名英雄们，他们的名字同样值得我们去铭记和传颂。

［本文发表于江苏省一级期刊《中学生物学》2003年第19卷第2期（总第80期）。］

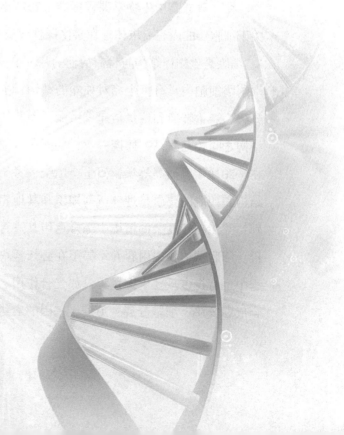

第**3**章

高中生物学教学设计

第 1 节　以思维导图为主线的高三 "细胞器" 专题复习教学设计

1 教材内容与设计思路

在《普通高中生物学课程标准（2017年版2020年修订）》中，关于细胞器的内容要求体现在必修课程模块1"分子与细胞"的概念1"细胞是生物体结构与生命活动的基本单位"中，其具体内容包括"阐明细胞内具有多个相对独立的结构，担负着物质运输、合成与分解、能量转换和信息传递等生命活动"和"举例说明细胞各部分结构之间相互联系、协调一致，共同执行细胞的各项生命活动"。在《2019年普通高等学校招生全国统一考试大纲》中对主要细胞器结构和功能的要求是理解所列知识和其他相关知识之间的联系与区别，并能在较复杂的情境中综合运用其进行分析、判断、推理和评价。细胞器的相关内容并不局限在必修模块1和2中，选择性必修课程中也有众多重要生理过程，如光合作用、细胞呼吸、分泌蛋白的合成和分泌、细胞分裂、免疫、基因的表达、精子的变形等都涉及细胞器的结构和功能，以及细胞器之间的协调配合。因此，根据新课标和考试大纲要求，在高三专题复习中，学生需在熟练掌握细胞器结构和功能的基础上，从细胞器水平方面阐述和理解上述生理过程，建构完善的知识体系。

思维导图是能储存、组织和优化信息，促进思维激发和整理的可视化思维工具，导图中的每一个关键词都是记忆激发器，对所有与关键词相关的信息进行整合，可使逻辑结构清晰化，实现信息的高效管理和记忆的长久保存。因此，把思维导图运用到本节课的复习中，能帮助学生建构完善的细胞器网状知识体系，培养学生的总结归纳能力，提升逻辑思维和发散思维。本节课从8种细胞器的形态、结构、分布、成分和功能等5个要点入手，结合学生的认知规律，设计教学流程，引导学生分步骤分析回顾教材，关联整合细胞器相关生理过程，通过自主思考和小组合作，构建并完善细胞器的思维导图。

2 教学目标

基于新课标的内容要求、学业要求和学业质量标准，并围绕培养学生核心素养的要求，制订了如下教学目标：

（1）对细胞器相互协调，共同执行细胞各项生命活动的实例进行阐述，巩固结构与功能相适应的生命观念，并能运用该观念分析和解释较为复杂情境中的生命现象。

（2）能够从细胞生命现象中，强化与细胞器为核心关键词的生物学概念，根据细胞器结构、功能以及分工合作的相互关系建构细胞器知识框架体系，并用文字或图示的方式正确表达。

（3）能够在小组学习中主动合作，以口头或书面的形式与他人展开交流，提高沟通合作能力。

（4）了解与细胞器相关疾病的危害与防控知识，关注生物技术在生产生活中的应用。

3 教学过程

3.1 情景导入

教师首先请学生展示课前学习小组使用橡皮泥等材料合作建构的细胞器亚显微结构三维物理模型，再进行简短的组间互议点评，找出模型建构的优缺点。教师设置问题串：①细胞的显微结构和亚显微结构分别指什么？②通过什么手段能在细胞亚显微结构模式图中准确无误地辨别8种细胞器？

设计意图：通过动手搭建细胞器亚显微结构三维物理模型，以及对显微结构和亚显微结构的概念辨析，学生实现对细胞器结构的感性回顾，为本节课的复习做好铺垫，同时巩固模型建构的科学方法。

3.2 聚焦细胞器的结构和功能，建构思维导图主干支架

教师根据学生的认知规律，将细胞器结构和功能的复习分为两个步骤：首先建构细胞器形态、结构和分布的思维导图，建立"细胞形态、结构和分布"与细胞器亚显微结构辨析之间的联系；其次将细胞器的成分和功能加入导图，进行知识的延伸和扩展，巩固结构与功能相统一的观念。

3.2.1 细胞器的形态、结构和分布

教师布置任务：①请完成学案中细胞器的辨别和结构、分布的

连线；②请根据核心关键词——细胞器，利用电脑中的思维导图工具MindMaster，建构细胞器思维导图主干支架，理解细胞亚显微结构模式图辨析的关键是弄清楚细胞器的形态、结构和分布。然后，教师设置特例问题串，对特殊实例加以巩固：动物和某些低等植物特有的细胞器是什么？绝大多数动物细胞不含有的细胞器有哪些？原核生物唯一的细胞器是什么？与叶肉细胞相比，植物的根细胞不含哪一种细胞器？哺乳动物成熟的红细胞含细胞器吗？你通过实验室的光学显微镜（高倍镜、低倍镜）能观察到哪几种细胞器的形态和分布？

3.2.2 细胞器的成分和功能

教师将8种细胞器成分和功能的要点用表格的形式在学案中呈现，再结合教材模式图、PPT图片展示等，引导学生建构细胞器导图的分支系统。在此过程中，教师帮助学生突破相关难点：①细胞器中的特殊成分，如溶酶体中的酸性水解酶，线粒体中的呼吸酶，叶绿体中的色素等都与细胞器的功能息息相关；②不同细胞器功能的相关性与它们之间的协调配合密切相关，如线粒体与叶绿体都与能量转换有关，粗面内质网和高尔基体都与蛋白质的加工有关，等等；③一定的结构产生与之对应的功能，任何功能都需要一定的结构来完成；④细胞器与相关疾病有关，如溶酶体与职业病硅肺、黏多糖沉积症等有关，线粒体异常诱发肿瘤、Ⅱ型糖尿病、帕金森综合征等。待学生补充好导图分支系统后，教师利用手机投屏，现场及时展示部分学生的导图建构情况，有针对性地进行点评和指导。

设计意图：复习内容的分步设计是根据学生的认知逻辑，由表及里，由局部到整体地展开。将纸质学案导引与电脑绘制思维导图相结合，最大限度地调动学生的参与度和思考的积极性，层层启

发，步步深入，使学生对细胞器结构和功能的认识更加全面深刻。

3.3 聚焦细胞器相关生理过程，完善思维导图网络分支

教师布置小组任务：小组全体组员开展头脑风暴，合作讨论，将高中必修和选择性必修教材中与细胞器相关的生理过程尽可能多地进行关联，并将达成的共识加入细胞器的思维导图中。在此过程中，教师帮助学生突破重难点：①哪些生理过程主要通过单一细胞器完成？如叶绿体中进行光合作用，核糖体中完成遗传信息的翻译。②哪些生理过程需要多种细胞器协调配合完成？如与分泌蛋白的合成与运输直接相关的核糖体、内质网、高尔基体，与精子变形相关的高尔基体、溶酶体、中心体、线粒体。③哪些细胞器在多个生理过程中担负着同样的使命？如线粒体为众多生理过程提供能量。此外，教师还需对思维导图绘制过程中各级主题、各级分支线、关系线的位置布局，以及线条的粗细、颜色的选择、图片和注释的插入等进行及时的点拨和指导。待各小组完善好导图后，以小组为单位进行展示，各组补充。

设计意图：引导学生将细胞器功能的片段化知识，结合相关生理过程进行归纳和总结，甄别功能之间的内在联系，再引导学生通过小组合作交流，完善思维导图细节，实现细胞器知识网络体系较为完整的可视化呈现，并通过小组展示和组间点评，提高学生的团队合作能力和表达沟通能力。

3.4 知识迁移，归纳小结

首先，教师帮助学生进一步补充和完善自己的细胞器思维导图（图3-1-1）。

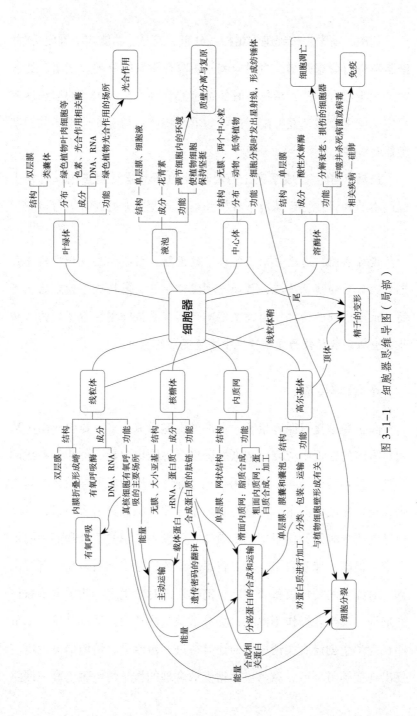

图 3-1-1 细胞器思维导图（局部）

其次，请学生按细胞器结构、分布、成分、功能四个维度对8种细胞器进行分组归纳，将对应编号填写在学案的分类表格里，如无膜的细胞器有哪些？植物特有的细胞器有哪些？含DNA的细胞器有哪些？能发生碱基互补配对的细胞器有哪些？与有丝分裂相关的细胞器有哪些……

最后，学生完成学案中有针对性的高考题及变式题，对学生运用本节知识在特定情境下分析和解决问题能力的提升进行检测和反馈。

设计意图：通过归纳小结环节的设置，引导学生多角度检查自己知识体系的建构情况，帮助学生修正完善。依托近年细胞器相关高考试题创设的情境，通过纸笔测试环节来检验学生运用结构与功能观分析和解释较为复杂情境中生命现象的能力。

4 教学反思

高三专题复习课容量大，牵涉的内容章节众多，要引导学生从相对零碎的知识中梳理出清晰的脉络，思维导图是一种非常有效的工具。教师尝试指导学生使用纸笔在课堂上绘制思维导图，时间紧张，难以完成，而本节课将电脑思维导图绘制工具引入课堂，可缩短导图绘制时间，便于把更多教学时间投入知识的整合和能力的提升中，提高了课堂效率。但要将思维导图绘制工具引入高三复习课堂，对配套的硬件设备要求高，前期还需对学生进行相关电脑软件的培训，学生若操作不熟练，会分散课堂注意力，适得其反。本节课在为学生创设真实情境方面还有待进一步改进，情境的创设不应仅出现在练习环节，教师应该把有效合理的教学情境融入高三课堂的不同环节中，在点燃学生学习热情的同时，提高学生解决生活实践或学习探索情境中各种问题的能力。

💡参考文献

［1］教育部考试中心.2019年普通高等学校招生全国统一考试大纲［M］.北京：高等教育出版社，2018.

［2］东尼·博赞.博赞学习技巧［M］.北京：化学工业出版社，2017.

［本文发表于全国教育类核心期刊、华东师范大学主办的《生物学教学》2023年3月第3期（第48卷）。］

第 2 节 "DNA分子的结构"（第一课时）的探究型教学设计

1 教学内容分析

"DNA分子的结构"是根据新课标中"必修模块2：遗传与进化"的第2主题"遗传的分子基础"的具体内容标准"概述DNA分子结构的主要特点"和活动建议"搜集DNA分子结构模型建立过程的资料并进行讨论和交流；制作DNA分子双螺旋结构模型"来进行教学设计的。该内容安排为2课时，本节课是第1课时。

从遗传分子基础层面分析：DNA的一级结构是脱氧核苷酸之间连接键的性质以及脱氧核苷酸的数目和排列顺序，而基因是有遗传效应的DNA片段，基因中的脱氧核苷酸排列顺序蕴藏着遗传信息，因此，要从分子水平理解和阐述遗传的物质基础和作用原理，学习DNA分子结构及其特点是非常必要的，这也是本节教学的重难点。

从单元课题内容层面分析：学生在必修1的学习中已经掌握了DNA的分子组成等知识，而本节要解决的主要问题是帮助学生理解和掌握DNA的二级结构，即DNA的双螺旋结构。众所周知，DNA分子模型建构史是生命科学史中的经典篇章，如若运用当时研究中涉及的史实资料，引导学生重温沃森和克里克精诚合作，综合多学科知识不断修正模型，最终走向成功的探索历程，不但能突破重难点，使学生深刻理解DNA分子结构特点，进而理解DNA分子的稳定性、特异性和多样性，同时有助于提升学生的科学探究能力和生物科学素养。笔者借助思维导图概括DNA分子双螺旋结构层次要点（图3-2-1），并根据该脉络，结合学生的认知规律，设计层层递进的探究问题，引导学生分析讨论相关研究资料，通过自主探究和合作探究，在分析史料信息的同时亲手搭建模型，沿着科学家的探究逻辑逐步建构出DNA分子双螺旋结构的物理模型。

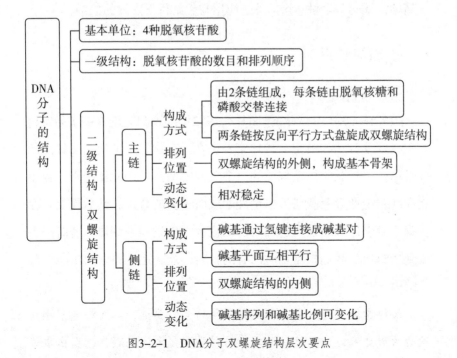

图3-2-1　DNA分子双螺旋结构层次要点

2 教学目标

基于新课标的内容要求、学业要求和学业质量标准，并围绕培养学生核心素养的要求，制订了如下教学目标：

（1）概括DNA分子结构层次，知道双螺旋结构属于物理模型；概述DNA主链和侧链的构成方式、排列位置和动态变化特征；概述碱基的连接方式和配对原则，以及与DNA主链的关系。

（2）通过讨论和探究DNA双螺旋结构模型的建构历程，动手体验模型建构，领悟科学研究的过程与方法，培养分析问题的能力、实验探究能力和空间想象力。

（3）养成实事求是的科学态度，培养执着追求、合作交流的科学精神；认同多学科知识的综合应用与生物科学发展的关系。

3 教学过程

3.1 情境导入

教师首先用PPT展示3张图片：1952年沃森和克里克在实验室讨论DNA双螺旋结构模型，1953年发表在《自然》上的论文《核酸的分子结构——脱氧核糖核酸的一个结构模型》，1962年沃森、克里克和威尔金斯等荣获诺贝尔生理学或医学奖的合影；然后播放一段沃森亲身讲述模型建构过程的回忆视频。创设问题情境：若时间倒流到1951年，我们根据当时已有的材料，能否逐步摸索出DNA的分子结构？

设计意图：通过图片再现科学界的合作典范，以及科学家幽默风趣的历史亲述，迅速拉近学生与科学研究之间的距离，引出本节课的主题，激发学生的求知欲。

3.2 借助史实，交代研究背景

教师设置问题串，并布置任务：①你了解当时科学界对DNA的认识吗？（DNA分子是以脱氧核苷酸为单位连接而成的长链）②1分子脱氧核苷酸是由哪3种分子组成的？③请在学案上画出其结构简图。④脱氧核苷酸的种类取决于什么？⑤请利用桌面上的DNA双螺旋结构模型组件组装4种脱氧核苷酸。

设计意图：温故知新，通过回忆DNA基本组成单位的结构，为建模做好铺垫。

3.3 模拟探究历程，建构结构模型

教师根据DNA分子模型建构的历程，从"单位—单链—平面—立体"4个维度提出环环相扣的探究问题，学生通过小组合作的探究方式，就问题进行讨论，先提出假说，再结合教材，分析教师提供的科学史料，辨别假说的正确性，得出结论，并结合组装模型组件，验证结论，逐步揭开DNA神秘的面纱。

3.3.1 探究1：4种脱氧核苷酸是怎样连接成DNA单链的？

学生经小组讨论提出如下假说：脱氧核苷酸通过磷酸基团相互连接成链、通过脱氧核糖相互连接成链、通过脱氧核糖与磷酸交替连接成链、通过脱氧核苷酸首尾连接成链等。教师引导学生按各自的假说拼装模型组件，然后利用PPT提供资料，展示脱氧核苷酸的分子结构式，通过对结构式的分析，指出核苷酸之间的连接方式是各个核苷酸的戊糖的第5个碳原子所携带的磷酸二酯键与另一个核苷酸的戊糖的第3位碳原子相接，如此通过3'，5'-磷酸二酯键反复连接形成多核苷酸长链。学生经资料分析得出结论：DNA单链是通过磷酸

和脱氧核糖交替连接而成的。教师布置任务：请每人按结论连接1条由10个脱氧核苷酸组成的单链。

3.3.2 探究2：脱氧核苷酸单链的形状是怎样的？

学生提出的假说有直线状、螺旋状、不规则弯曲等。教师提问：大家听说过X射线衍射图谱吗？（展示1张DNA的X射线衍射图谱，并简介X射线衍射技术）教师提供史料：①二战后就有科学家用电子显微镜测定出DNA分子的直径约为2nm，该直径比脱氧核苷酸直链的直径要大；②威尔金斯分析和测量DNA的X射线衍射图谱，发现DNA分子缠绕在一起像1个圆筒，沿其分子长度方向每隔0.3～0.4nm有1个很强的衍射，若把这些很强的衍射区分离出后，沿长度方向是中空的。学生经资料分析提出推论：DNA分子长链呈螺旋结构。

3.3.3 探究3：DNA的螺旋结构由几条脱氧核苷酸链构成？

学生提出的假说有DNA单链螺旋、双链螺旋、3链螺旋、4链螺旋等。教师引导：在已知DNA直径为2nm的前提下，能否对以上假说进行初步筛选？学生回答应该是可行的。教师提出：根据当时所掌握的材料，沃森和克里克否定了DNA单链和4链螺旋体结构，很快建立了第一个模型——3链螺旋结构。教师引导学生思考：不同DNA链之间是通过什么保持稳定的呢？教师提供史料：①在3链螺旋结构中，沃森和克里克设想由金属离子的结合力来保持多链分子内部结构的稳定，但很快遭到威尔金斯等科学家的质疑，因为这样的模型中DNA含水量的理论值与实际测定数值不符；②1953年威尔金斯出示了1张富兰克林拍摄的绝妙的DNA晶体衍射照片，沃森看后不禁叹道："上帝！DNA链只能是双链才会显示出这样漂亮而清晰的图！"学生得出结论：DNA是由2条脱氧核苷酸链盘旋成的双螺旋结构。

3.3.4 探究4：DNA的两条链之间是通过什么分子连接的?

学生提出2种假说：①DNA双链由位于螺旋内部的碱基连接；②DNA双链由位于螺旋内部的磷酸–脱氧核糖骨架连接。教师布置学生按各自假说拼装模型组件，然后逐步引导：①回忆磷脂双分子层结构，亲水的头部和疏水的尾部怎样分布？（亲水的头部位于磷脂双分子层的外侧，疏水的尾部位于内侧。）②脱氧核糖和磷酸基团具有亲水性，而碱基具有疏水性，细胞中的DNA分子总处于一个液体环境中，据此推导哪一种假说更合理呢？学生经分析得出结论：DNA的2条链由位于螺旋内部的碱基连接，脱氧核糖和磷酸基团交替连接排列在外侧。

3.3.5 探究5：位于DNA内部的碱基怎样连接?

学生提出的假说有：无规则连接；相同碱基连接；不同的嘌呤连接、不同的嘧啶连接；嘌呤与嘧啶连接，即AT配对、GC配对、AC配对、GT配对等。教师布置学生按各自的假说拼装模型组件，然后提供资料：①沃森和克里克建立的第2个模型就是相同碱基配对，与同学们的第2个假说不谋而合，但当时同实验室的化学家多诺休提出质疑，认为这种配对方式违反化学规律；②出示嘌呤和嘧啶分子结构图，指出嘌呤是双环化合物，占有空间大，嘧啶是单环化合物，占有空间小，即嘌呤比嘧啶长，而DNA分子螺旋的直径是固定的2nm。根据以上两组材料，引导学生否定前3种假说。那么嘌呤和嘧啶连接的假说中，AC配对、GT配对是否可行？教师再提供史料：①数学家格里菲斯通过计算碱基间的吸引力发现，似乎是A吸引T，G吸引C；②化学家查哥夫应用紫外分光光度法结合纸层析等技术，对多种生物DNA做了碱基定量分析（出示分析表）。教师引导学生小组讨论分析表内数据，找出DNA碱基组成的规律性：A=T，G=C。最后得出结论，DNA内部的碱基配对有一定的规律：A一定与T配对，G一定与C配对。

3.3.6 探究6：DNA两条链的方向是同向还是反向？

教师启发学生进行模拟探究，以组员的身体模拟脱氧核苷酸，组员间的排列方式模拟DNA结构。有的小组经讨论摸索提出如下方案：组员站成一列模拟1条脱氧核苷酸链，其中每个组员用躯干模拟脱氧核糖，模拟磷酸的左手搭在前一个组员的肩上，模拟碱基的右手侧平举掌心向前，如此站立方向相同的两列组员是无法掌心相对，通过握手模拟碱基配对的，只有两列组员站立方向相反才能实现。教师充分肯定学生的创意思考，并提供资料：从X-RAY射线衍射的结果看来，DNA双链对中轴在2个方向上呈中心对称，所以2条链必须是反向平行的。学生得出结论：DNA的2条链是反向平行的。

3.3.7 探究7：拓展探究

教师布置学生完成DNA双螺旋结构模型的搭建，并设问：模型建构是自然科学研究中的一种常用方法，其建构的正确性如何确认？（需验证DNA双螺旋结构模型与DNA晶体的衍射图谱是否相符，是否能解释DNA的复制等分子生物学过程）教师再提出课后拓展问题：①DNA的螺旋方向是左手螺旋还是右手螺旋？②螺旋的程度有多大？螺旋一圈包含多少个碱基对？③连接磷酸和脱氧核糖的是什么键？

设计意图：探究课题的设计是根据学生的认知逻辑，由局部到整体展开的。将材料分析与动手建模相结合，层层剖析，步步深入，使学生对DNA结构的认识更加深刻到位。

3.4 巩固新知，突出重点

待学生完成模型建构后，教师布置学生完成教材后的基础题1，再设置系列问题：①DNA分子结构的主要特点有哪些？②沃森和克里克的研究过程涉及哪些学科的知识和方法？③这对你理解生物科学的发展有什么启示？④沃森和克里克的默契配合对你们小组的合作学习有哪些启示？

设计意图：利用课后习题及时巩固重难点知识，将实物模型与习题运用相结合，实现知识迁移。通过提问对模型建构的相关体验进行及时梳理，促进认知升华。

3.5 观察模型，探究DNA结构特性

教师指导学生仔细观察自己搭建的模型，探究以下几个问题：①DNA只含有4种脱氧核苷酸，它如何能够储存足够量的遗传信息？（每个学生模型中碱基对的排列顺序都不同，这体现了DNA分子的多样性）②每个DNA与众不同的原因是什么？（每个学生的碱基对排列顺序都是特定的，这体现了DNA分子的特异性）③DNA分子如何维系稳定？（主要靠碱基对之间氢键的相互作用，这保障了双链DNA分子的稳定性）

设计意图：引导学生利用手头上的自建模型进行观察和探究，使其对DNA结构特性的认识更加直观、具体，更易理解。

3.6 感悟收获，课堂小结

每个小组的代表总结本组收获，并进行简单的组内和组间评议。师生共同给出本节课的关键词，如DNA，双螺旋结构，碱基ATGC，磷酸基，脱氧核糖，碱基互补配对原则等，从而完成从

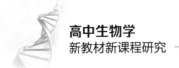
"点"到"线"再到"面"的知识网络建构。

4 教学反思

本节课将探究作为课堂主线贯穿始终，提供科学史料，创设探究情境，结合模型建构，引导学生逐层分析，使学生在自主梳理新知的同时，提高了获取处理信息、空间想象、实践探究、团队协作等能力，学习了科学家执着钻研的科学精神，获得了科学情感体验，进而凸显多学科交叉运用在科学技术发展中的重要作用。

参考文献

［1］周文斌，汪子春，赵云群，等.十大生物学家［M］.南宁：广西科学技术出版社，2000.

［2］WATSON J D, CRICK F H C. Molecular structure of nucleic acids; A Structure for Deoxyribose Nucleic Acid［J］. Nature, 1953, 171（4）: 737–738.

［3］张万明."DNA分子的结构"一节的教学设计［J］.生物学通报，2013，48（1）：18–21.

［4］陈琼华.生物化学［M］.北京：人民卫生出版社，1992.

（本文于2016年10月发表于全国生物科学类核心期刊，中国科协优秀科技期刊《生物学通报》2016年第51卷第10期。）

第 3 节 基于科学思维培养的"基因指导蛋白质的合成"教学设计

1 教材分析及设计思路

在《普通高中生物课程标准（2017年版2020年修订）》中，关于基因指导蛋白质合成的内容要求在必修课程模块2"遗传与进化"的概念3"遗传信息控制生物性状，并代代相传"中，其具体内容是"概述DNA分子上的遗传信息通过RNA指导蛋白质的合成"。"基因指导蛋白质的合成"的教学内容在人教版必修2第4章"基因的表达"第1节中呈现，教学安排为2课时，主要包括"遗传信息的转录""遗传信息的翻译"和"中心法则"三个部分，其中遗传信息的转录和翻译是教学重难点。

基因表达的研究历程倾注了无数科学家的心血。笔者聚焦重要概念和科学思维培养，挑选经典实验、创设情境、设计层层递进的问题、穿插小组合作任务，引导学生设计相关实验思路，建构数学模型和物理模型，重温基因指导蛋白质合成的探究之路，使学生深刻理解DNA分子上的遗传信息通过RNA指导蛋白质合成的传递规律，同时训练学生的科学思维，帮助学生认同生命是物质、能量和信息的统一体，从而提升生物学学科核心素养。

2 教学目标

基于新课标的内容要求、学业要求和学业质量标准，并围绕培养学生核心素养的要求，制订了如下教学目标：

（1）概述DNA分子上的遗传信息通过RNA指导蛋白质合成的传递规律，通过对转录和翻译两个过程的理解，渗透生命的信息观。

（2）通过对几个碱基决定21种氨基酸的推测，以及梳理DNA碱基数目、RNA碱基数目与氨基酸数目之间的对应关系，训练归纳与概括、演绎与推理等科学思维。

（3）阐明中心法则的具体内容，形成生命是物质、能量和信息的统一体的生命观念，并认同科学是不断发展的，科学概念是不断更新和修正的。

（4）基于地球上几乎所有的生物都共用一套遗传密码的事实，认同当今生物可能有着共同的起源。

（5）能够在小组学习中主动合作，以口头或书面的形式与他人展开交流，提高沟通合作能力。

3 教学过程

3.1 创设情境，导入新课

教师首先播放转基因抗虫棉培育过程的视频：将苏云金杆菌抗虫蛋白基因（Bt抗虫蛋白基因）导入普通棉花的染色体DNA上，培育出能产生Bt抗虫蛋白的转基因抗虫棉花植株，具备抗虫特性。创设问题情境：为什么转入普通棉花的是抗虫基因，得到的却是抗虫蛋白质，进而获得抗虫性状？学生通过已学知识进行推理：蛋白质是生命活动的主要承担者，普通棉花合成了抗虫蛋白质，表现出抗虫性状，而抗虫基因控制了抗虫蛋白质的合成，从而控制了生物性状。（图3-3-1）

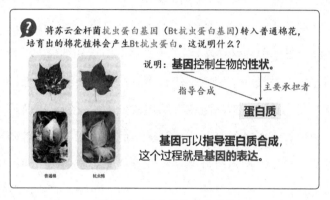

图3-3-1　蛋白质的抗虫性状

设计意图：通过视频将现代科学技术发展与本节内容联系起来，通过真实的情境创设，迅速拉近学生与科学研究之间的距离，再加以问题启发，引出本节课的主题，激发学生对未知世界的探索欲望，增强学生的学习兴趣。

3.2 借助史实，启发思维

教师进一步启发：抗虫基因是如何指导抗虫蛋白合成的？真核生物的遗传物质主要存在于细胞核内，而蛋白质在细胞质的核糖体中合成，遗传信息是怎样从细胞核传递到细胞质，并被解读的呢？学生经小组讨论，大胆提出猜想：既然遗传信息不能由DNA直接传递到蛋白质，那么在DNA和蛋白质之间是否有另一种物质充当信使？教师提供科学史料：①1958年克里克提出序列假说，DNA中的碱基序列通过RNA中的碱基序列决定了蛋白质中的氨基酸序列；②1955年布拉舍用洋葱和变形虫进行实验，发现用RNA酶降解细胞中的RNA，蛋白质合成就会停止，而重新加入从酵母菌中提取的RNA，一些蛋白质又开始合成；同年戈尔德斯坦和普劳特观察到用放射性标记的RNA从细胞核转移到细胞质。学生分析：上述实验表明蛋白质的合成依赖于RNA，RNA是DNA和蛋白质之间信使的最佳候选者。教师引导学生回忆必修1中关于RNA的组成和结构，以及与DNA的异同比较，并设问：RNA是什么物质？为什么RNA适于作为DNA的信使？学生通过对RNA组成和结构的分析，找到了RNA适合作为信使的理由：①RNA的分子组成与DNA的很相似，仅五碳糖和一种碱基不同，与DNA配对时遵循"碱基互补配对原则"，使得RNA具备准确传递遗传信息的可能；②RNA一般是单链，且比DNA短，能通过核孔进入细胞质。（图3-3-2）

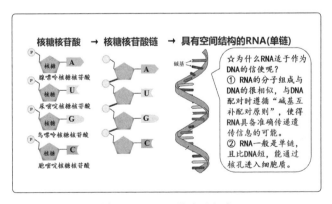

图3-3-2　RNA的分子组成

设计意图：通过设问，引导学生思考本节的核心问题；通过史料展示，训练学生的演绎与推理等科学思维，并引导学生建立结构与功能相统一的生命观念；通过回顾已学知识，帮助学生搭建学习的"脚手架"，为理解转录过程做好铺垫。

3.3 问题导向，聚焦概念

教师根据学生的认知发展规律，结合科学研究史料，通过设置中心问题和相应的子问题串，引导学生思考和理解转录和翻译两个过程，并引导学生在小组讨论和交流中展开对话，训练科学思维，进而能够概述DNA分子上的遗传信息通过RNA指导蛋白质合成的传递规律，并逐渐形成生命的信息观。

3.3.1 中心问题1：DNA的遗传信息是怎样传递给mRNA的？

教师提供科学史料：1961年法国生物学家雅各布（Fran, coisJacob，1920—2013）、南非生物学家布伦纳（Sydney Brenner, 1927—2019）和美国遗传学家梅瑟生（Matthew Stanley Meselson, 1930— ）进行噬菌体侵染细菌实验发现，在培养基中加入含^{14}C标记的尿嘧啶，培养一段时间后，分离裂解细菌的RNA和核糖体，发现RNA含^{14}C标记，将被标记的RNA分别与噬菌体的DNA和大肠杆菌的DNA杂交，发现RNA仅能与噬菌体DNA的一条链形成DNA–RNA双链杂交分子。教师引导学生提取史料信息，并思考：①为何选择^{14}C–U作为标记物？②细菌中新合成的含^{14}C标记的RNA为何不能与细菌的DNA结合，而只能与噬菌体DNA的一条链形成杂交分子？学生经过小组讨论，梳理出思考结果：尿嘧啶是RNA特有的成分，因此该实验选择^{14}C–U作为标记物可以判定被标记的仅为新合成的RNA；被标记的RNA仅能与噬菌体DNA形成杂交双链，说明它们与噬菌体

的DNA具有很高的同源性，是以噬菌体的DNA为模板合成的。教师顺势引出"转录"的概念：以DNA为模板合成RNA的过程叫转录。教师继续设置子问题串：①DNA是双链，RNA是单链，在上述过程中，DNA提供了几条链作为转录的模板？②能否设计实验来加以验证？有的小组经讨论进行知识迁移，想到能否利用证明DNA半保留复制实验中使用的密度梯度离心法把DNA的不同质量的两条链分开，分别观察它们是否均能与新合成的RNA形成DNA-RNA杂交分子。教师充分肯定学生的实验设计思路，并提供史料：1963年，马默（Julius Marmur）和杜提（Paul Doty）利用侵染枯草杆菌的噬菌体SP8为材料进行DNA和RNA杂合技术实验。噬菌体SP8的DNA分子由两条碱基组成很不平均的链构成，其中一条链富含嘌呤，另一条互补链则富含嘧啶。由于嘌呤比嘧啶重，因此富含嘌呤的"重"链与富含嘧啶的"轻"链在加热变性后可用密度梯度离心分开。SP8侵染枯草杆菌后，从枯草杆菌中分离出RNA，分别与DNA的重链和轻链混合并缓慢冷却。他们发现SP8侵染后形成的RNA只与重链形成DNA-RNA的杂合分子。学生通过史料分析，证实了RNA是DNA中的一条链转录产生的。接下来教师布置任务：回忆DNA的遗传信息通过复制传递给子代DNA的过程，然后将DNA复制的知识进行迁移，结合阅读教材转录示意图，思考：①转录的场所、模板、原料、条件、过程、产物分别是什么？②转录形成的RNA的碱基序列，与DNA两条单链的碱基序列各有哪些异同？③列表比较转录与DNA复制有什么共同之处？这对遗传信息的准确传递有什么意义？④通过转录能形成几种RNA？请比较它们的结构和功能。（图3-3-3）

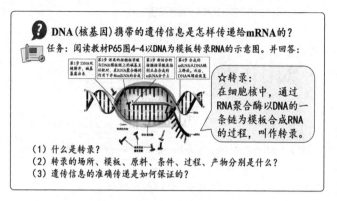

图3-3-3　DNA携带的遗传信息

学生通过自主阅读教材，对转录的概念和过程有了初步了解：在细胞核中，通过RNA聚合酶以DNA的一条链为模板合成RNA的过程，叫作转录。转录的过程主要包括四步：①DNA局部解开双螺旋，碱基暴露；②游离的核糖核苷酸与DNA模板链上的碱基互补配对；③结合的核糖核苷酸连接到正在合成的mRNA分子上；④合成的RNA从DNA释放，而后，DNA双螺旋恢复。（图3-3-4）

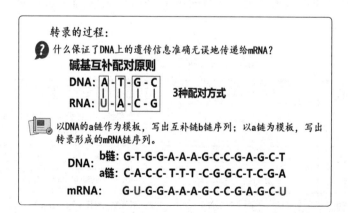

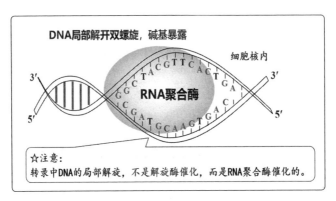

图3-3-4 DNA转录过程

教师出示一段DNA单链的碱基序列，请学生以该链为模板，写出其DNA互补链的序列和转录形成的mRNA链序列，从而引导学生认识碱基互补配对原则的重要性，并加深理解转录形成的RNA的碱基与DNA模板链的碱基是互补配对的关系；该RNA的碱基序列与DNA另一条链（非模板链）的碱基序列的区别是RNA链上的碱基U，对应在非模板链上的碱基是T。

学生通过列表比较转录和DNA复制的异同，找到了保证DNA上的遗传信息准确无误地传递给mRNA的原因，即碱基互补配对原则。（表3-3-1）

表3-3-1 碱基互补配对原则

比较	DNA复制	转录
场所	细胞核（主要）	细胞核（主要）、线粒体、叶绿体等
模板	DNA的两条链	DNA（基因）的一条链
原料	4种脱氧核苷酸	4种核糖核苷酸
产物	2个子代DNA	RNA（mRNA、tRNA、rRNA）

续 表

比较	DNA复制	转录
过程	①解旋，②合成，③复旋	①解旋，②配对，③连接，④释放
条件	解旋酶、DNA聚合酶、能量等	RNA聚合酶、能量等
碱基配对	A—T、C—G	G—C、C—G、T—A、A—U
信息传递	DNA→DNA	DNA→RNA

学生通过教材信息提取，明晰了转录产物有3种RNA，即信使RNA（mRNA，单链，功能是DNA的信使，转录遗传信息）、转运RNA（tRNA，单链折叠成三叶草形，有碱基互补配对，功能是运载特定氨基酸，识别mRNA密码子）、核糖体RNA（rRNA，单链，与蛋白质结合构成核糖体）。（图3-3-5）

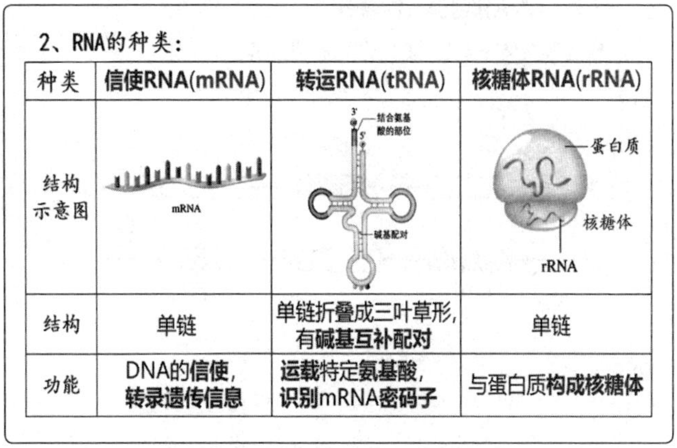
2、RNA的种类：

种类	信使RNA(mRNA)	转运RNA(tRNA)	核糖体RNA(rRNA)
结构示意图			
结构	单链	单链折叠成三叶草形，有碱基互补配对	单链
功能	DNA的信使，转录遗传信息	运载特定氨基酸，识别mRNA密码子	与蛋白质构成核糖体

图3-3-5 RNA的种类

教师播放转录的视频动画进行小结，帮助学生对转录过程的易混淆内容加以强化：①转录中DNA的局部解旋不是解旋酶催化，而是RNA聚合酶催化的；②mRNA、tRNA、rRNA都是转录的产物，但携带遗传信息的只有mRNA；③转录形成的RNA通过核孔从细胞核进入细胞质，不穿过核膜，但耗能；④DNA转录一次的模板不是整个DNA分子，而是以基因为单位；⑤DNA的两条链中仅一条有转录功能，这条链叫模板链，无转录功能的另一条链叫非模板链（编码链）；每个基因的模板链是确定的，同一个DNA分子不同基因的模板链位置可能不同。（图3-3-6）

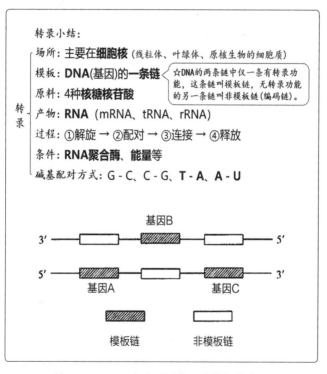

图3-3-6　DNA分子不同基因的模板链位置

设计意图：中心问题和子问题串的递进式设计是根据学生的认知逻辑、思维水平和科学研究发展的时间轴有序展开的。通过科学史实的适时展示和设问的不断深入，加深学生对转录概念的理解，通过引导学生阅读教材示意图，提高学生图文转化能力，并帮助学生学会尊重事实和证据，培养学生运用科学的思维方法认识事物、解决实际问题的思维习惯和能力。

3.3.2 中心问题2：mRNA的碱基序列如何决定蛋白质的氨基酸序列？

教师根据中心问题，设置三个相关子问题：①mRNA上的碱基与氨基酸之间的对应关系是怎样的？②游离在细胞质中的氨基酸是怎样运送到合成蛋白质的"生产线"核糖体上的？③在"生产线"上的蛋白质是如何合成的？带着问题，教师引导学生层层剖析，逐个击破。

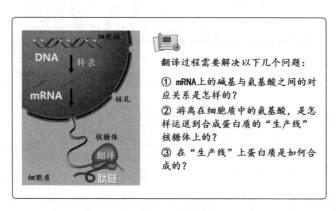

图3-3-7　翻译过程

教师首先引导学生尝试建立氨基酸和碱基数量对应关系的数学模型：mRNA有4种碱基，氨基酸有21种，需要几种碱基决定1种氨基酸，才能将mRNA的碱基序列转变为蛋白质的氨基酸序列？接着教师提供科学史料：1954年，美籍理论物理学家伽莫夫（G. Gamow，1904—1968）进行数学推理，如果1个核糖核苷酸编码1种氨基酸，

4种碱基只能决定4种氨基酸（$4^1=4$）；如果2个核糖核苷酸编码1种氨基酸，可决定16种氨基酸（$4^2=16$）；如果3个核糖核苷酸编码1种氨基酸，可决定64种氨基酸（$4^3=64$）；依此类推。因64＞21，伽莫夫提出了"三个碱基编码一个氨基酸"的假说。（图3-3-8）

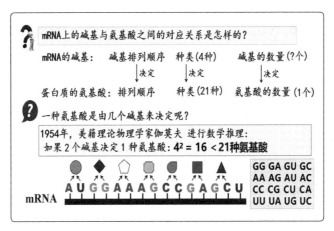

图3-3-8　碱基与氨基酸的关系

教师引导学生对教材"生物科学史话栏目"的遗传密码破译过程进行史料分析：1961年，克里克对T4噬菌体上的1个基因进行处理，增加或减少DNA上的碱基，研究对其编码蛋白质的影响。实验结果显示增加或删除1个或2个碱基都会使噬菌体突变，无法产生正常功能的蛋白质；而增加或删除3个碱基，可以合成正常蛋白质。学生通过史料分析并结合小组讨论，得出结论：mRNA上3个碱基决定1个氨基酸。教师引出密码子概念（mRNA上决定1个氨基酸的3个相邻的碱基，叫作1个密码子），并设问：由3个碱基排列成的1个密码子对应的究竟是哪一个氨基酸？（图3-3-9）

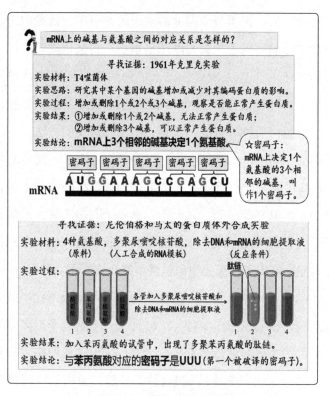

图3-3-9　遗传信息的翻译

　　1961年，美国生物学家尼伦伯格（Marshall Warren Nirenberg，1927—2010）和德国生物学家马太（Johann Heinrich Matthaei，1929—）采用蛋白质体外合成技术巧妙地破译了第一个遗传密码子。教师引导学生分析这两位科学家的实验设计思路，以及实验选材、步骤、结果和结论。学生经小组讨论，梳理出了实验研究思路：以人工合成的RNA多聚尿嘧啶核苷酸（UUUUUU……）作为翻译的模板，除去DNA和mRNA的细胞提取液为翻译过程提供反应条件，将它们分别等量加入四支试管，再在每支试管中分别加入一种氨基酸作为翻译的原料，结果在加入苯丙氨酸的试管中出现了多聚苯丙氨酸的肽链，说明与苯丙氨酸对应的密码子应该是UUU，这是第一个被破译的密码子。教师继续呈现史料：遗传密码的破译是生物学发展史上一个伟大的里程碑，尼伦伯格等人因成功破译遗传密码而荣获1968年诺贝尔生理学或医学奖；此后的五六年里，多位科学家沿着蛋白质体外合成的思路，不断改进实验方法，1966年，科学家终于破译了全部64个密码子（图3-3-10）。教师出示一段mRNA碱基序列，并布置任务：请学生查阅教材的密码子表，写出该序列决定的氨基酸序列，并思考：密码子共多少种？（64种）起始密码子决定哪种氨基酸？（AUG编码甲硫氨酸，GUG在原核生物也可作为起始密码子，编码甲硫氨酸）终止密码子有几种？（3种，UAA、UAG不编码氨基酸，UGA特殊情况下可编码硒代半胱氨酸）决定氨基酸的密码子有多少种？（61种）一个密码子最多能编码几种氨基酸？一个氨基酸最多有多少个密码子？这说明密码子有哪些特点？（一个密码子最多能编码1种氨基酸，说明遗传密码的专一性；一个氨基酸最多有6个密码子，说明遗传密码的简并性）

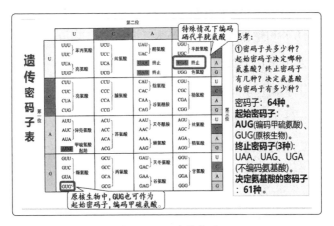

图3-3-10　遗传密码

教师继续设问：①当某基因的碱基发生改变时，一定会导致生物性状发生改变吗？这对生物的生存发展有什么意义？（当某基因的碱基发生改变时，转录的mRNA上密码子也会发生改变，但由于密码子的简并性，可能并不会改变其对应的氨基酸，从而不会导致生物性状的改变，这增强了密码容错性；当某种氨基酸使用频率高时，几种不同的密码子都编码一种氨基酸可以保证翻译的速度）②几乎所有生物体都共用一套密码子，根据这一事实，你能想到什么？（地球上几乎所有的生物都共用一套遗传密码，即遗传密码的通用性，说明当今生物可能有着共同的起源，或生命在本质上是统一的）然后教师引导学生总结出密码子的专一性、简并性、通用性、连续性等特点，认同当今生物可能有着共同的起源，并帮助学生辨析易混淆概念：mRNA上的起始密码子和终止密码子与DNA上的启动子和终止子的区别，即起始密码子和终止密码子是mRNA上的碱基，是翻译的起点和终点；而启动子和终止子是DNA上的碱基，是转录的起点和终点。

接着教师播放翻译过程的视频动画，引导学生思考：是谁将氨基酸运送到核糖体上？翻译过程分为几个步骤？学生结合视频动画和教材中tRNA结构和蛋白质合成过程示意图，能够归纳总结出tRNA的结构和功能特点（tRNA是单链折叠成的三叶草形，链内部分片段发生碱基互补配对；其功能为识别mRNA上的密码子，运载特定氨基酸；每种tRNA只能识别并转运1种氨基酸；tRNA共有61种，与编码氨基酸的密码子种类相同），以及反密码子和密码子的区别（密码子是mRNA上决定1个氨基酸的3个相邻的碱基，反密码子是tRNA上与密码子碱基互补配对的3个碱基）。（图3-3-11）

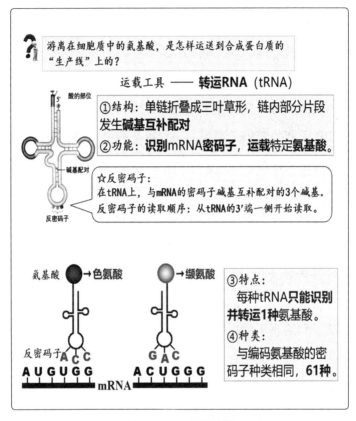

图3-3-11 翻译过程

教师为各小组提供翻译的纸质模型：一段mRNA碱基序列、不同种类的tRNA和氨基酸、若干核糖体，并引导各小组组员合作模拟翻译过程。学生通过搭建物理模型，将微观抽象的翻译过程具象化，强化了对翻译概念的理解。各组学生经合作动手体验，均能总结出翻译大致步骤：①核糖体与mRNA结合，形成2个tRNA的结合位点；②携带甲硫氨酸的tRNA与mRNA上的密码子AUG互补配对，进入位点1；③携带第二个氨基酸的tRNA以同样的方式进入位点2；

④甲硫氨酸与第二个氨基酸进行脱水缩合反应，形成肽键，从而转移到位点2的tRNA上；⑤核糖体沿mRNA移动，原位点1的tRNA离开，原位点2的tRNA进入位点1，新的携带氨基酸的tRNA进入位点2，继续肽链合成；⑥随核糖体的移动，继续肽链合成，直到核糖体遇到mRNA的终止密码子，翻译过程才告终止。（图3-3-12）

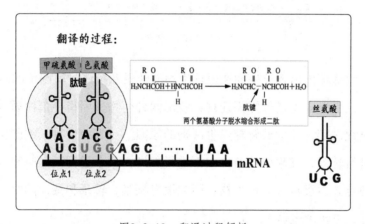

图3-3-12　翻译过程解析

　　然后教师出示多个核糖体解读mRNA的图片，设问：图中正在合成几条肽链？肽链的氨基酸序列是否相同？核糖体移动的方向是什么？这种现象有何意义？学生观察图片，进一步加深对翻译过程的理解：一个mRNA可同时结合多个核糖体，同时合成多条肽链；以同一条mRNA为模板进行的翻译过程，不同核糖体合成的是氨基酸序列相同的肽链，这样，少量mRNA可迅速合成大量蛋白，提高了翻译的效率。

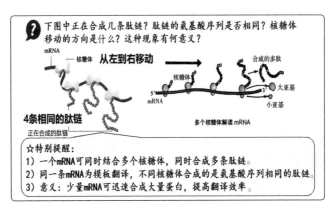

图3-3-13　肽链

教师再出示真核生物和原核生物的转录和翻译过程图（图3-3-14），引导学生进行知识迁移，找出两种生物基因指导蛋白质合成的过程区别，并尝试解释产生区别的原因。（真核生物：细胞核中先进行转录，细胞质核糖体中再进行翻译，两个过程不同时间、不同地点先后进行。原核生物：因为没有核膜，转录和翻译同时同地进行，边转录边翻译。）

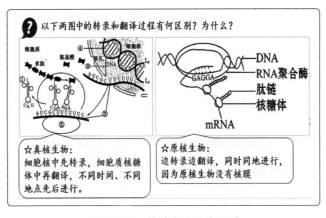

图3-3-14　转录和翻译的区别

通过以上思考和分析，学生对翻译过程已有了比较深刻的理解，师生共同小结翻译的场所（细胞质的核糖体）、模板（mRNA）、原料（21种氨基酸）、产物（多肽链或蛋白质或肽链）、条件（tRNA、相关酶、能量等）、碱基配对方式（G—C、A—U），并列表比较总结DNA复制、转录和翻译的异同，提高学生归纳能力。

表3-3-2　真核细胞中俄复制、转录、翻译比较

过程	DNA复制	转录	翻译
时间	细胞分裂前的间期	生长发育过程	生长发育过程
场所	主要在细胞核	主要在细胞核	细胞质核糖体
模板	DNA的两条链	基因的一条链	mRNA
原料	4种脱氧核苷酸	4种核糖核苷酸	21种氨基酸
产物	2个子代DNA	RNA	肽链
酶	解旋酶、DNA聚合酶等	RNA聚合酶等	相关酶
能量	需能量	需能量	需能量
碱基配对	A—T、C—G	A—U、T—A、G—C	A—U、G—C
信息传递	DNA→DNA	DNA→mRNA	mRNA→蛋白质

设计意图：通过引导学生进行史料分析，思考问题串，合作完成列表、建模等课堂任务，帮助学生对微观抽象的翻译过程具象化，逐步释疑解惑，实现了对翻译概念的深层理解，同时，培养学生崇尚科学严谨务实的求知态度，训练学生比较与分类、归纳与演绎、抽象与概括等科学思维，形成生命的信息观。

3.4　归纳小结，知识迁移

教师通过视频播放，介绍克里克1957年提出的中心法则，遗传信息可以从DNA流向DNA，即DNA的复制，也可以从DNA流向RNA，进而流向蛋白质，即遗传信息的转录和翻译。引导学生思考

非细胞生物的遗传信息流动问题，进而启发学生对中心法则进行完善和补充，并使用图文进行归纳。（图3-3-15）

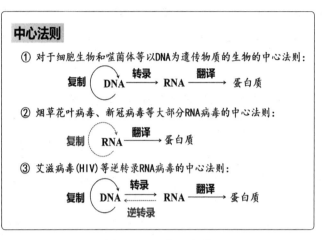

图3-3-15 中心法则

师生共同总结：在遗传信息的流动中，DNA、RNA是信息的载体，蛋白质是信息的表达产物，而ATP为信息的流动提供能量。可见，生物是物质、能量和信息的统一体。最后教师引导学生厘清DNA碱基数目、RNA碱基数目与氨基酸数目之间的对应关系，即6∶3∶1。并利用课本习题，引导学生分析红霉素、环丙沙星和利福平等抗菌药物的抑菌机制，从而实现知识的深度迁移，把所学知识应用于解决生活中的实际问题。

设计意图：在前面两个教学环节的铺垫下，学生对DNA分子上的遗传信息通过RNA指导蛋白质合成的传递规律已有了深刻认识，在此基础上，通过小组合作交流的方式，完善中心法则，再通过课后习题及时巩固重难点知识，实现知识迁移，促进认知升华。

4 教学反思

本节内容分为2课时完成，容量大，由于基因指导蛋白质合成的过程复杂、微观、抽象，因此，笔者借助视频动画变抽象为形象，通过科学史料分析，创设探究情境，进行科学思维训练；设置环环相扣的问题串，小组合作完成各项课堂任务，引导学生逐层分析，在理解转录和翻译过程的基础上，形成生命是物质、能量和信息的统一体的生命观念，同时提高学生获取处理信息、空间想象、实践探究、团队协作等能力，使教学活动得到顺利推进。但在教学过程中，对不同层次学生的关注度还有待改善，在教学内容的深度和广度的把握上还需更加精准。

参考文献

［1］韦弗.分子生物学：第五版［M］.郑用琏等译.北京：科学出版社，2013.

［2］任本命，王虹.遗传学简史［M］.西安：西安地图出版社，1999.

［3］付尊英，刘广发.生物学：必修2·遗传与进化（教师教学用书）［M］.北京：北京师范大学出版社，2021.

［4］刘恩山.生物学：必修2·遗传与进化（教师教学用书）［M］.杭州：浙江科学技术出版社，2020.

［5］朱正威，赵占良.生物学：必修2·遗传与进化（普通高中教科书）［M］.北京：人民教育出版社，2019.

附件：课堂习题

1. 下图是真核生物mRNA合成过程图，请据图判断下列说法正确的是（　　　）

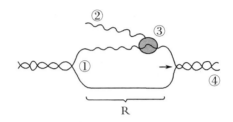

A. R表示的节段①正处于解旋状态，形成这种状态需要解旋酶

B. 图中②是以4种脱氧核苷酸为原料合成的

C. 如果图中③表示酶分子，则它的名称是RNA聚合酶

D. 图中过程不存在T-A配对

2. 如果一个基因上有碱基对600个，那么由它控制合成的蛋白质所具有的氨基酸数最多是（　　　）

A. 100个　　　　　　　　　　B. 200个

C. 300个　　　　　　　　　　D. 400个

3.（高考题）关于中心法则相关酶的叙述，错误的是（　　　）

A. RNA聚合酶和逆转录酶催化反应时均遵循碱基互补配对原则且形成氢键

B. DNA聚合酶、RNA聚合酶和逆转录酶均由核酸编码并在核糖体上合成

C. 在解旋酶协助下，RNA聚合酶以单链DNA为模板转录合成多种RNA

D. DNA聚合酶和RNA聚合酶均可在体外发挥催化作用

4. 遗传密码通常是指（　　　）

A. DNA上决定氨基酸的碱基序列

B. 核糖体上决定氨基酸的碱基序列

C. 信使RNA上决定氨基酸的碱基序列

D. 转运RNA上决定氨基酸的碱基序列

5. 对于下列式子，正确的说法有（　　　）（多选）

DNA···—A—T—G—C—···

　　　　｜　｜　｜　｜

RNA···—U—A—C—G—···

A. 表示DNA复制过程　　　　B. 表示DNA转录过程

C. 式中共有5种碱基　　　　D. 式中共有8种核苷酸

E. 式中共有5种核苷酸　　　　F. 式中的A均代表同一种核苷酸

6. 已知一段双链DNA分子中，鸟嘌呤所占比例为20%，由该段DNA转录出来的RNA，其胞嘧啶的比例是（　　　）

A. 10%　　　　　　　　B. 20%

C. 40%　　　　　　　　D. 无法确定

7. 对一个DNA分子中的碱基A+T占70%，其转录成的信使RNA上的U占25%，则信使RNA上的碱基A占（　　　）

A. 10%　　　　　　　　B. 25%

C. 45%　　　　　　　　D. 以上三者都错

8. （高考题）一段原核生物的RNA通过翻译可合成一条含有11个肽键的多肽，则此RNA分子至少含有的碱基个数及合成这段多肽需要的tRNA个数依次为（　　　）

A. 33、11   B. 11、36

C. 12、36   D. 36、12

9.（高考题）人体中具有生长激素基因和血红蛋白基因，两者（   ）

A. 分别存在于不同组织的细胞中

B. 均在细胞分裂前期按照碱基互补配对原则复制

C. 均在细胞核内转录和翻译

D. 转录的信使RNA上相同的密码子翻译成相同的氨基酸

第4节　利用情境创设优化概念教学的 "表观遗传" 教学设计

1 教材分析及设计思路

表观遗传学是目前遗传学的研究热点。不同于经典遗传学主要研究基于基因序列改变所导致的基因表达的变化，表观遗传学是研究基于非基因序列改变所导致的基因表达的变化，是对遗传学的补充和完善。在《普通高中生物学课程标准（2017年版2020年修订）》中，关于表观遗传这一次位概念呈现在必修课程模块2 "遗传与进化" 的大概念3 "遗传信息控制生物性状，并代代相传" 里，其具体内容要求是 "概述某些基因中碱基序列不变但表型改变的表观遗传现象"。

因不同类型的表观遗传现象复杂多变，教师为帮助学生形成正确的表观遗传概念，进而建立生物学观念，需要向学生提供各种丰富的、有代表性的事实来为学生的概念形成提供支撑。而教师为学生创设有效的表观遗传的教学情境，不仅能点燃学生的学习热情，

从而有效掌握概念，灵活解决问题，还能训练学生的科学思维，培养学生勇于探索创新的科学精神，以及践行健康的生活方式和增强社会责任。

2 教学目标

基于课程标准的内容要求、学业要求和学业质量标准，并围绕培养学生核心素养的要求，制订了如下教学目标：

（1）举例说明基因通过控制酶的合成或蛋白质的结构控制生物体的性状，通过分析基因—蛋白质—性状的关系，形成生命的物质观。

（2）通过对生物学实例的分析和讨论，说明细胞分化是基因选择性表达的结果，建立"基因控制性状"的结构与功能观。

（3）通过对大量情境资料的分析、归纳和综合，概述表观遗传现象，建构表观遗传概念模型，并通过概括表观遗传特点和探究表观遗传机制，对表观遗传概念加以深化和拓展。

（4）阐明基因、环境与性状之间的复杂关系，认同生命的复杂性。

（5）通过在情境中提取、加工信息，训练归纳与概括、演绎与推理、模型与建模、批判性思维等科学思维；通过小组讨论和交流，提高沟通表达能力和团队合作意识。

（6）关注环境和不良的生活方式可能通过表观遗传机制影响基因的表达，甚至导致疾病，认同表观遗传的研究价值；学会主动向他人宣传关爱生命的观念和知识，提高社会责任意识，并学会选择健康文明的生活方式。

3 教学过程

3.1 第1课时

3.1.1 创设情境，引入新课

教师首先展示水毛茛图片，同一株水毛茛，裸露在空气中的叶和浸在水中的叶，表现出了两种不同的形态。设问：①这两种形态的叶，其细胞的基因组成一样吗？（一样）②这两种叶形的差异，可能是由什么因素引起的？（可能是叶片所处的环境不同）然后教师播放视频：同卵双胞胎来源于同一个受精卵，拥有完全相同的核DNA，从经典遗传学角度来说，他们的体貌特征、生理特征及疾病易感性等应具有完全一样的表型。但事实并非如此，而且随着发育的进行，同卵双胞胎之间的差异会逐渐增大，这是为什么呢？

设计意图：通过图片和视频创设问题情境，引发学生的认知冲突，激发学生的好奇心，增强学生的学习兴趣。

3.1.2 典例分析，阐明基因表达产物和性状的关系

教师设问：我们上一节学习了基因指导蛋白质合成的转录和翻译过程，那么，基因是怎么通过控制蛋白质的合成来控制生物的性状的呢？教师布置课堂任务，阅读教材"基因表达产物与性状的关系"小节，思考：①基因通过哪两种基本方式控制生物体的性状？②每种方式有哪些典型实例？③这些实例具体机制是什么？学生经小组讨论回答：基因通过两种基本方式来控制生物体的性状，方式一是基因通过控制酶的合成来控制代谢过程，进而控制生物体的性状，具体实例有皱粒豌豆的形成机制和白化症状成因；方式二是基因还能通过控制蛋白质的结构直接控制生物体的性状，具体实例有

囊性纤维化的症状及成因和镰状细胞贫血的形成机制。教师继续引导学生使用文字和箭头来将以上四种相关机制用流程图的方式加以巩固和概括。教师对各小组的完成情况进行现场指导，观察学生是否抓住了关键点：①皱粒豌豆的形成机制是编码淀粉分支酶的基因插入一段外来DNA序列后自身序列被打乱，从而影响了淀粉分支酶的表达，使其活性大大降低，导致淀粉合成受阻，淀粉含量低的豌豆由于失水而皱缩；②人的白化症状形成的原因是患者酪氨酸酶基因异常，不能合成酪氨酸酶，无法催化酪氨酸在皮肤、毛发等处合成黑色素（图3-4-1）；③囊性纤维化的形成机制是控制CFTR蛋白（一种转运蛋白）的基因缺失了3个碱基，使CFTR蛋白在第508位缺少苯丙氨酸，空间结构发生变化，导致其转运氯离子（Cl^-）的功能异常，患者支气管内黏液因此增多，管腔受阻，细菌在肺部大量繁殖，使肺功能严重受损；④镰状细胞贫血的根本原因是编码血红蛋白的基因中一对碱基发生了替换，导致基因碱基序列改变，从而引起编码的血红蛋白结构改变，使红细胞呈镰刀状，易破裂，使人患溶血性贫血，严重时会导致死亡。教师提醒学生辨析白化患者毛发白和老年人头发变白的不同原因（老年人头发变白的原因是毛囊中的黑色素细胞衰老，细胞内的酪氨酸酶活性降低，黑色素的合成减少）。师生用文字和箭头共同小结：①基因表达产物对性状的直接作用：基因→蛋白质结构→生物体性状（直接控制，如囊性纤维化、镰状细胞贫血）；②基因表达产物对性状的间接作用：基因→酶的合成→细胞代谢→生物体性状（间接控制，如白化、豌豆的粒型）。

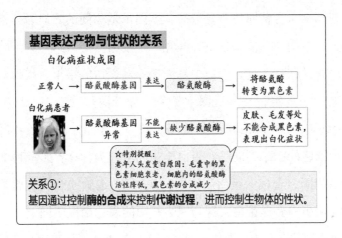

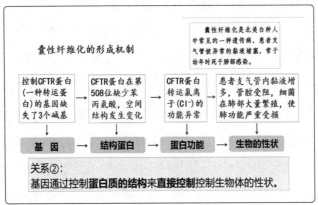

图3-4-1 基因表达产物与形状的关系

设计意图：通过教材情境创设和设置相关问题串，引导学生从两个方面思考基因表达产物与生物体性状之间的关系，进而形成生命的物质观；与此同时，培养学生基于生物学事实和证据进行归纳与概括的科学思维能力，为后续理解基因、环境与性状之间的复杂关系做好铺垫。

3.1.3 类比推理，阐明基因的选择性表达与细胞分化的关系

教师设问：我们身体中的体细胞，如血细胞、肌肉细胞、神

经细胞都来自受精卵的有丝分裂，基因都是相同的，但为什么它们的形态、结构和功能却各不相同呢？学生回忆必修1第6章细胞分化相关内容，回答：这是细胞中基因选择性表达的结果。教师对学生的答案给予肯定，并布置课堂任务"分析输卵管细胞、红细胞、胰岛B细胞中DNA和mRNA的检测结果"，小组合作比较和讨论：①三种细胞的DNA相同吗？蛋白质相同吗？为什么？（三种细胞的核DNA相同，合成的蛋白质不同，如胰岛B细胞能合成胰岛素，不合成卵清蛋白和珠蛋白，这是因为基因的表达情况不同）②细胞分化的实质是什么？（在个体发育过程中，基因选择性表达的结果，即同种生物的不同体细胞中，核DNA相同，转录的mRNA不同，翻译的蛋白质不同）③基因的选择性表达与什么有关？（与基因表达的调控有关）接下来教师引导学生使用箭头和文字表示细胞分化：细胞分化过程中不变的是核DNA数目、细胞数目等，改变的是mRNA的种类，蛋白质的种类，细胞的形态、结构和功能等。教师对学生的回答进行评析后，再给学生展示不同细胞基因选择性表达的示意图（图3-4-2），加深学生的理解，并设问：图中哪些基因在两种细胞中都表达了？（B基因）进而引出管家基因和奢侈基因的概念（管家基因：几乎所有细胞均表达的一类基因，基因产物是维持细胞基本生命活动所必需的基因，如呼吸酶基因、ATP水解酶基因、核糖体蛋白基因等。奢侈基因：不同类型细胞特异性表达的一类基因，其产物赋予不同细胞特异性的生理功能，如血红蛋白基因、胰岛素基因），并给学生强调：细胞分化的判断依据是细胞中选择性表达的基因（奢侈基因）得以表达，细胞就发生了分化，如胰岛素基因、血红蛋白基因表达出相应蛋白质可以证明胰岛B细胞或红细胞发生了分化。

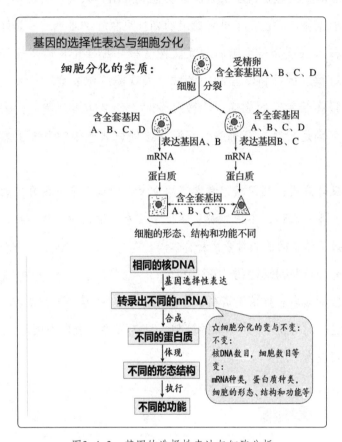

图3-4-2 基因的选择性表达与细胞分析

设计意图：引导学生结合已学知识，比较分析材料信息，推理、概括出细胞分化的实质，提高学生图文转化能力和推理判断能力。

3.2 第2课时

3.2.1 创设科研情境，引入概念

教师播放视频资料，利用我国科学家研究成就创设科研情境资料：2017年11月27日，世界上首例体细胞克隆猴"中中""华华"

在我国诞生！这是科学家首次成功地克隆出非人灵长类动物，标志着我国克隆技术走在了世界的最前列！克隆猴的难点之一是体细胞核转移入去核卵母细胞后，无法像受精卵那样正常"指挥"生长发育过程。因此科学家利用各种"表观遗传调节剂"，大大提高了猕猴胚胎发育的成功率。教师设问：什么叫表观遗传？表观遗传调节剂是什么，有哪些？它们在这项科研成果中发挥了怎样的作用？

设计意图：利用我国科学家的重大科研成果来创设真实的科研情境，导入新课，不但能激发学生学习表观遗传的兴趣和热情，而且增强了学生的民族自豪感和自信心。

3.2.2 剖析教材情境，建构概念

教师提供教材情境资料：小鼠毛色与A^{vy}基因表达的关系。小鼠毛色受一对等位基因A^{vy}和a的控制，A^{vy}为显性，表现为黄色，a为隐性，表现为黑色。

表观遗传

小鼠毛色的遗传

表现出不同毛色的A^{vy}a小鼠

左图小鼠毛色受一对等位基因A^{vy}和a的控制，A^{vy}为显性，表现为黄色，a为隐性，表现为黑色。

纯种黄色小鼠与纯种黑色小鼠杂交，子代小鼠基因型均为A^{vy}a，却表现出不同的毛色：介于黄色和黑色之间的一系列过渡类型。这是为什么呢？

A^{vy}基因前端有一段特殊的碱基序列(a)决定着该基因的表达水平。

a序列的DNA碱基可被甲基化，这种甲基化会抑制A^{vy}基因的表达，抑制程度取决于甲基化程度。

图3-4-3　小鼠毛色的遗传

教师组织学生阅读资料，小组讨论教师设置的问题串：①纯种黄色小鼠（$A^{vy}A^{vy}$）与纯种黑色小鼠（aa）杂交，子代小鼠基因型均为A^{vy}a，为什么却表现出不同的毛色？（A^{vy}基因上游的一段特殊的碱基序列，其DNA碱基可被甲基化，这种甲基化会抑制A^{vy}基因的表达）；②什么叫作DNA甲基化？（DNA的碱基上添加甲基–CH_3）教师展示DNA甲基化示意图，引导学生回忆上一章拓展的真核基因的结构，并补充：真核细胞基因上游启动子区域的碱基中，若胞嘧啶的第5位碳原子和甲基之间通过共价键结合，被修饰为5–甲基胞嘧啶，将会阻碍启动子被转录因子识别，从而影响该基因的转录过程。

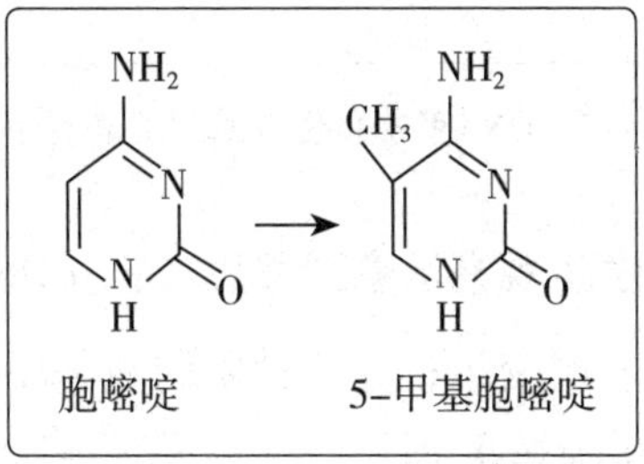

图3-4-4　DNA甲基化示意图

教师继续设问：③子代小鼠的毛色为什么是介于黄色和黑色之间的一系列过渡类型？（A^{vy}基因表达被抑制的程度取决于启动子的甲基化程度：若该序列的碱基中可发生甲基化修饰的位点被完全甲基化，A^{vy}基因的表达就完全被关闭，小鼠毛色为黑色；若该序列的部分位点被甲基化，A^{vy}基因的表达会受到部分抑制，小鼠毛色出现介于黑色和黄色的中间类型；若该序列没有甲基化，Avy基因会持续性表达，小鼠毛色为黄色，即启动子碱基序列的甲基化程度越高，A^{vy}基因的表达受到的抑制越明显，小鼠体毛的颜色就越深）教师充分肯定学生讨论的结果，并引导学生使用文字和图形来表示DNA甲基化影响基因表达的过程，经小组讨论，组间互议，部分小组展示如图3-4-5。

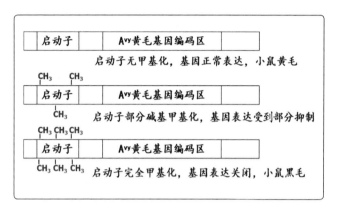

图3-4-5　DNA甲基化影响基因的表达示意图

教师继续引导学生观察示意图并思考：④DNA的甲基化是否改变碱基序列？（没有改变）；⑤这种基因碱基序列不变但表型改变的现象叫什么？（表观遗传）

设计意图：引导学生温故知新，结合真核细胞基因的结构和基因指导蛋白质合成过程，对教材现有典例进行分析、推理、归纳、概括，初步建构表观遗传现象的概念，再通过模型建构来强化概念，训练科学思维。

3.2.3 巧设问题情境，深化概念

教师引导学生思考：表观遗传现象真的能遗传吗？如果能，怎么遗传？遵循孟德尔的遗传规律吗？然后提供教材情境资料——柳穿鱼花的形态结构的遗传。柳穿鱼是一种园林花卉，其花的形态结构有两种，即对称花型植株A和不对称花型植株B。（图3-4-6）

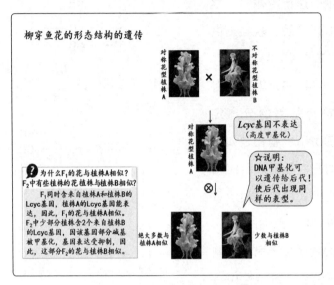

图3-4-6　柳穿鱼花的形态结构的遗传

　　教师设置问题串：①两株柳穿鱼花的形态结构差异是相关基因的碱基排列顺序不同导致的吗？（不是，与花形态结构相关的Lcyc基因在植株A和植株B中的碱基序列是相同的）②它们形态结构差异的原因是什么？（柳穿鱼花形态结构的差异与Lcyc基因的表达直接相关，植株A的Lcyc基因在开花时表达，植株B的Lcyc基因不表达）③植株B的Lcyc基因为什么不表达？（植株B的Lcyc基因被高度甲基化，从而抑制了基因的表达）④为什么植株A与植株B杂交后产生的F_1的花与植株A相似？F_2中有些植株的花与植株B相似？（因为F_1同时含来自植株A和植株B的Lcyc基因，植株A的Lcyc基因能表达，因此，F_1的花与植株A相似。F_2中少部分植株含2个来自植株B的Lcyc基因，因该基因部分碱基被甲基化，基因表达受抑制，因此，这部分F_2的花与植株B相似）⑤这说明什么？（说明DNA的甲基化可以遗传）⑥该遗传符合孟德尔的遗传定律吗？学生自由讨论后，教师提供数据：F₂中A：B≠3：1，A：B≈34：5，因此该遗传不符合基因的分离定律；⑦DNA甲基化是如何遗传的呢？教师展示DNA甲基化模式保留过程示意图（图3-4-7），并补充：亲代DNA通过半保留复制合成子链后，维持性DNA甲基转移酶会识别子链上与模板链对应的甲基化位

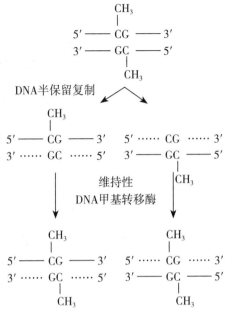

图3-4-7　DNA甲基化模式保留过程示意图

点，使之甲基化。学生经讨论梳理：表观遗传的调控方式可通过有丝分裂中DNA复制过程延续，若发生在生殖细胞中，则会遗传给下一代，但该类遗传不遵循孟德尔的遗传定律。

教师继续设问：表观遗传会终生保留吗？会世代延续吗？教师提供情境资料：①吸烟会使人的体细胞内DNA的甲基化水平升高，而戒烟多年后，DNA甲基化水平会降低；②个体的一生都发生着DNA甲基化模式的改变。在受精卵最初的几次卵裂中，去甲基化酶几乎清除了所有DNA上从亲代遗传下来的甲基化标志。随后在着床期，通过甲基化酶的作用，整个基因组建立了新的甲基化模式。环境、营养变化也能导致DNA甲基化模式的改变。通过材料分析，学生得出表观遗传不一定会终生保留，也不一定会世代延续的结论。

教师设问：这说明表观遗传还有什么特点？（可逆性）师生共同小结表观遗传的三个特点：DNA序列不发生改变、可遗传性、可逆性。

设计意图：通过教材和生活情境的创设，加以环环相扣的问题串的引导，帮助学生运用归纳与概括、批判性等科学思维，总结出表观遗传的特点，从而深化对表观遗传概念的理解。

3.2.4 精选典型情境，拓展概念

教师提供组蛋白修饰的情境资料：真核细胞染色质由DNA和五种组蛋白组成。在不同酶的作用下，组蛋白的某些氨基酸被加上或去掉一些化学基团，包括添加甲基、乙酰基（CH_3CO-）或去掉甲基、乙酰基等修饰，会使组蛋白与DNA结合的紧密程度发生改变，从而促进或关闭相关基因的表达。在阿尔茨海默病患者脑内检测到组蛋白甲基化修饰水平发生改变；某种组蛋白乙酰化水平升高，致使某些基因过度表达，可能引发系统性红斑狼疮。

教师再提供非编码RNA调控的情境资料：2006年度诺贝尔生理学或医学奖授予美国科学家菲尔（Andrew Z. Fire，1959—）和梅洛（Craig C. Mello，1960—），以表彰他们发现了"RNA干扰机制——双链RNA沉默基因"。这是一种可针对特定基因降解其mRNA的方式，在这种RNA干扰现象中，双链RNA以非常明确的方式抑制了基因的表达。RNA干扰已经作为一种强大的"基因沉默"技术被用于全球的实验室，来确定各种病症中起主要作用的基因。教师组织学生小组合作，尝试概括表观遗传的形成机制。学生经资料分析，组内讨论，拓展了表观遗传的概念，即表观遗传机制除了DNA甲基化外，还包括组蛋白修饰、RNA干扰等，这些机制均能使生物体基因的碱基序列保持不变，但基因的表达和表型发生可遗传变化。

图3-4-8 组蛋白修饰对基因表达的影响

设计意图：为学生精选其他表观遗传机制的情境资料，帮助学生拓宽知识面，激发求知欲，以便更为全面深刻地理解表观遗传概念。

3.2.5 利用真实情境，应用概念

教师播放视频情境资料：①研究发现，吸烟会使人体细胞内DNA甲基化水平升高，对染色体上的组蛋白也会产生影响，还会使男性吸烟者的精子活力下降，精子中DNA的甲基化水平明显升高。②如果祖父辈在青春期前有暴饮暴食的经历，那么，他们的子孙寿命会缩短，患糖尿病的概率也会相应增加。教师引导学生小组讨论烟草、饮食、生活方式等通过表观遗传对自身和后代健康产生的影响，尝试应用所学知识设计公益广告宣传语，向亲朋好友宣传戒烟、合理膳食等健康生活方式的道理。③一些代谢疾病，如肥胖、糖尿病、心血管疾病、精神健康障碍等都可能与表观遗传改变有

关。④几乎所有癌症都是由表观遗传异常与基因改变共同引起的。目前，DNA去甲基化试剂和组蛋白去乙酰化酶抑制剂是癌症研究中最常用的表观遗传学药物。教师引导学生思考表观遗传机制在疾病治疗中的应用价值，再回答课前埋下的伏笔：在科学家克隆猴过程中使用的表观遗传调节剂起什么作用？学生讨论交流，推导它们的作用：表观遗传调节剂可能关闭了抑制克隆猴胚胎发育的基因。教师充分肯定学生的想法，并补充：科学家向融合细胞中注入去甲基化酶Kdm4d的mRNA，去除核移植体细胞的甲基化修饰，并用组蛋白去乙酰抑制剂TSA处理细胞，最终重新激活相关基因，大大提高了胚胎发育的效率和代孕母猴成功怀孕的比例。

设计意图：为学生创设更为丰富的生活情境，引导学生应用表观遗传知识参与社会议题，关注生命科学和健康生活的关系，增强社会责任感。提供部分与表观遗传相关的人类疾病实例，以及引出课前创设的科研情境，首尾呼应，引导学生理解分子水平上复杂的遗传现象，帮助学生树立解开生命奥秘、征服疾病的志向。

3.2.6 总结概括，梳理基因、蛋白质与性状的关系

教师布置小组合作任务：经过学习，请总结基因与性状的关系。各小组经讨论合作，总结得出：①一个性状可受多个基因影响（多因一效，如人的身高）；②一个基因也可影响多个性状（一因多效，如水稻Ghd7基因编码的蛋白质参与开花的调控，且对水稻的生长、发育和产量均有重要作用）；③性状不完全由基因决定，还要受到环境影响。教师补充：①基因通过其表达产物——蛋白质来控制性状；②细胞内的基因表达与否以及表达水平的高低都是受到调控的；③细胞分化是基因选择性表达的结果；④表观遗传能使生

物体在基因的碱基序列不变的情况下，发生可遗传的性状改变。

4 教学反思

本节课创设各类教学情境，围绕表观遗传概念组织并开展教学活动，辅以问题引导，穿插小组合作，帮助学生建构、理解、深化、拓展、应用表观遗传概念，了解表观遗传机制，认同其生物学研究价值，同时培养学生归纳写概括、演绎与推理、模型与建模、批判性思维等科学思维，增强了学生的社会责任意识。但本节课教学目标的达成还有赖于学生对于基因的结构、基因的转录和翻译等概念的掌握情况，学生此时还未接触原癌基因和抑癌基因的概念，这对理解表观遗传与癌症的关系带来难度。

💡 参考文献

[1] 中华人民共和国教育部.普通高中生物学课程标准（2017年版2020年修订）[M].北京：人民教育出版社，2020.

[2] 张飞雄，李雅轩.普通遗传学[M].北京：科学出版社，2004.

[3] 赵云龙，周忠良.生物学：生物学实验与活动部分必修2·遗传与进化（普通高中教科书）[M].上海：上海科学技术出版社，2022.

[4] 汪忠.生物学：必修2·遗传与进化（普通高中教科书）[M].南京：江苏凤凰教育出版社，2020.

附件：课堂习题

1. 将置于如图表示同一个体的5种细胞中5种基因的表达情况，下列分析错误的是（　　　）

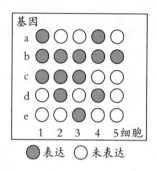

A. 此图能说明细胞分化的实质

B. 基因b可能控制呼吸酶的合成

C. 细胞中表达的基因差异最大的是细胞2和4

D. 一般来说，这5种细胞的核遗传物质相同

2. 阅读下列材料，回答下列问题。

基因启动子区发生DNA甲基化可导致基因转录沉默。研究表明，某植物需经春化作用才能开花，该植物的DNA甲基化水平降低是开花的前提。用5-azaC处理后，该植株开花提前，检测基因组DNA，发现5'胞嘧啶的甲基化水平明显降低，但DNA序列未发生改变，这种低DNA甲基化水平引起的表型改变能传递给后代。

① 这种DNA甲基化水平改变引起表型改变，属于（　　　）

A. 基因突变

B. 基因重组

C. 染色体变异

D. 表观遗传

② 该植物经5-azaC去甲基化处理后,下列各项中会发生显著改变的是（　　）

A. 基因的碱基数量

B. 基因的碱基排列顺序

C. 基因的复制

D. 基因的转录